「楕円のボールを追いかけたい」

じめてそう思ったのは小学生のときだった。

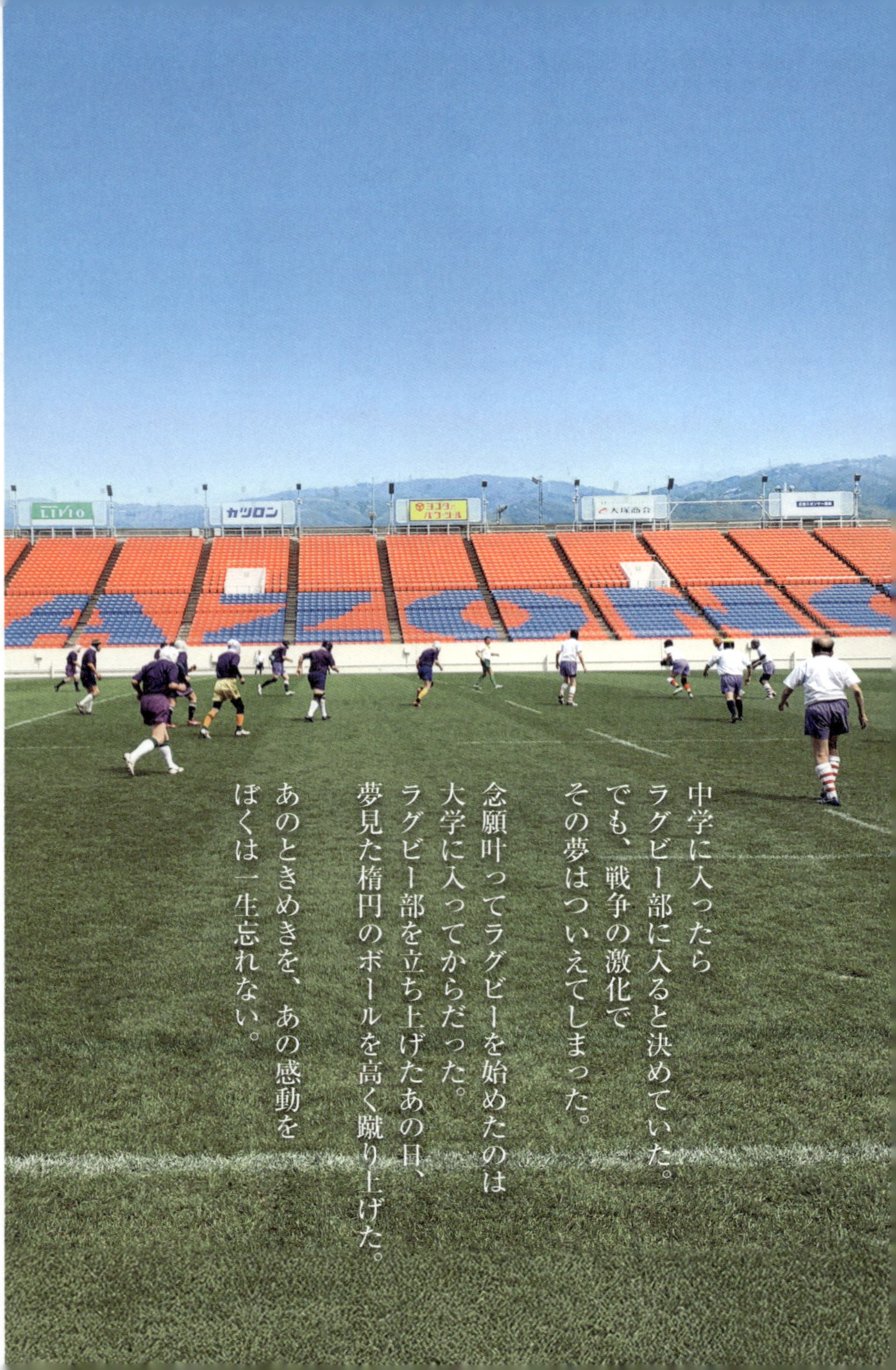

中学に入ったら
ラグビー部に入ると決めていた。
でも、戦争の激化で
その夢はついえてしまった。

念願叶ってラグビーを始めたのは
大学に入ってからだった。
ラグビー部を立ち上げたあの日、
夢見た楕円のボールを高く蹴り上げた。

あのときめきを、あの感動を
ぼくは一生忘れない。

それから70年余り。
医師になり、結婚し、子や孫を得ても
楕円のボールを追いかけてきた。

ぼくの名前など、だれも知らない。
強豪校や有名チームでプレーしたこともない。
キャプテンでも、エースでもない。

パスを受け取り、タックルに耐え、
守り抜いたボールを仲間に託す。
相手の腰に、足元に食らいつき、
ボールを奪い、仲間に託す。
それをただ続けてきただけだ。

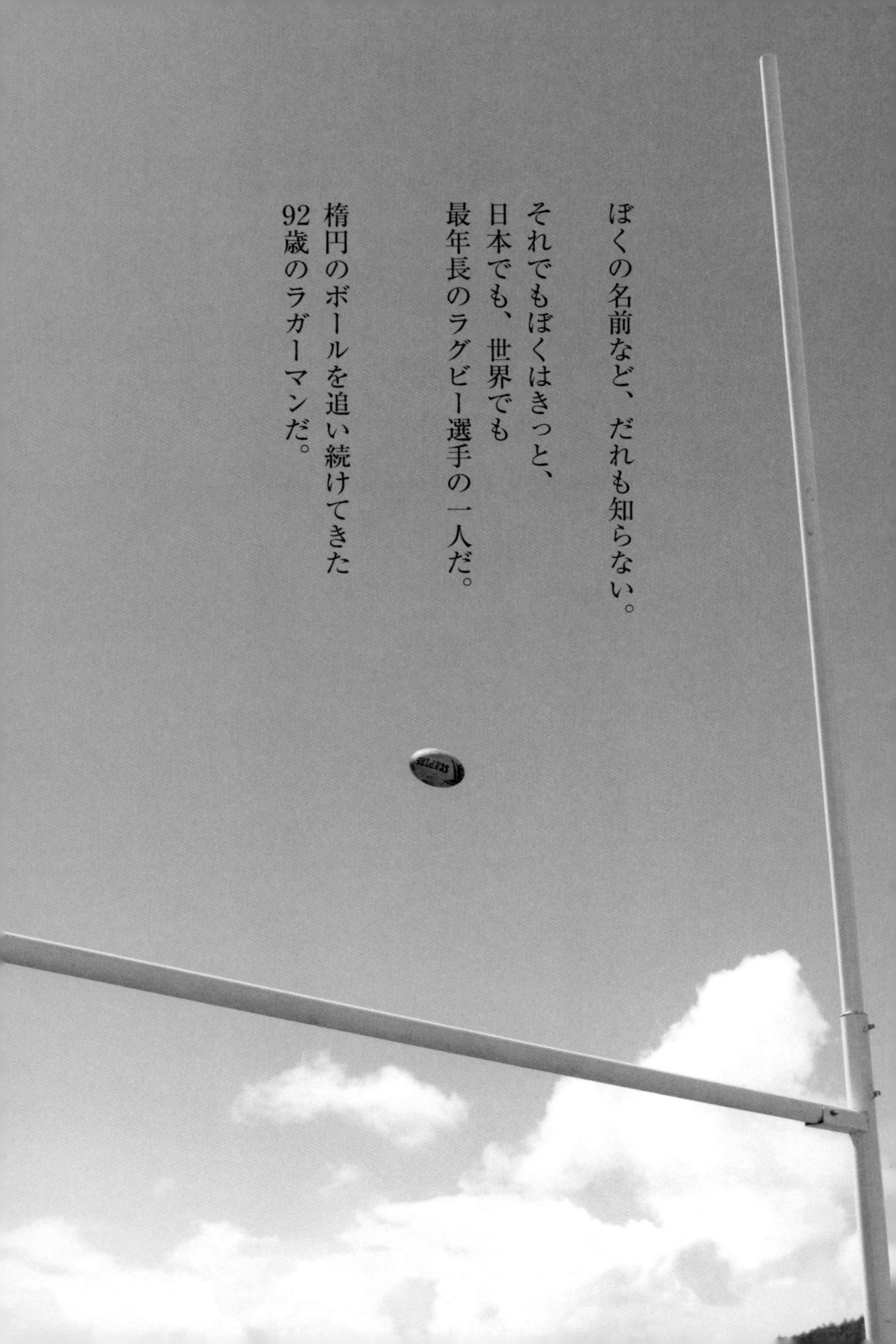

ぼくの名前など、だれも知らない。

それでもぼくはきっと、
日本でも、世界でも
最年長のラグビー選手の一人だ。

楕円のボールを追い続けてきた
92歳のラガーマンだ。

92歳のラガーマン

ノーサイドの日まで

永山隆一

主婦の友社

90代でもラグビーが夢を連れてきてくれる

ラグビーが好きで、ラグビーをし続けて、ラグビーのことばかり考えているうちに92歳になりました。

永山隆一と申します。

60歳になるまでは外科医として勤務し、定年退職後の10年は産業医や社会人ラグビー部のチームドクターをしていました。その後は「永山クリニック」を営み、医師になってから70年ほどになりました。

それより長いのはラグビー歴です。大学でラグビー部をつくり、卒業後は医・歯学部出身者のラグビーチーム「ドクタークラブ」でプレーし、40歳になってからは「不惑倶楽部」という歴史あるシニアラグビーチームでラグビーを続けています。

そして気がつけば、不惑倶楽部でも最年長になりました。

そんなぼくに、思いがけない連絡が来たのは2年前のことです。「ジャガー・ランドローバー」という、イギリスの自動車メーカーからでした。「コマーシャルに出てほしい」というので、高齢者を狙った詐欺ではないかと思いました。ところが、そのあと不惑倶楽部を通して再び連絡があり、詐欺ではないことが判明しました。

２０２３年はフランスでラグビーワールドカップが開催される年でした。ランドローバーはその公式スポンサーです。「先駆者たち」というテーマでキャンペーンを展開し、世界各地のラグビー愛好家の中で、試練を乗り越えてラグビーを続ける人が登場するコ

2023年ラグビーワールドカップ・フランス会場。ジャガー・ランドローバーのコマーシャルフィルムに登場した永山さん。

ジャガー・ランドローバー
キャンペーン「先駆者たち」
イスラム教徒の女子ラグビー選手、生まれつき片腕のない14歳の少年、フランス初のLGBTQ＋ラグビーチームを立ち上げた人など、国籍を問わずさまざまな人が登場した。

マーシャルフィルムを制作していました。その中の一人として、日本人の90代ラガーマン・永山隆一に登場してほしい、という経緯のようです。ぼくのラグビーにおける試練？「年齢」ということになるのでしょうか。

迷いましたが、何かラグビーへの貢献になるのであればと考え、出演を承諾しました。

―

その映像は、ワールドカップの試合の合間、会場内の巨大スクリーンに何度か映し出されたそうです。ぼくは行けなかったけれど、現地で観

ランドローバーのコマーシャルフィルム撮影風景。永山さんが所属する「不惑倶楽部」の人たちも協力して行われた。

ランドローバーのコマーシャルに先立ち、「高齢ラガーマン」として永山さんの名前が知られたのがこの一枚。2020年「世界報道写真コンテスト」でスポーツ部門の第3位を受賞した。当時86歳。2019年ラグビーワールドカップ日本大会開催の取材に訪れたロイター通信のカメラマンが、永山さんのような高齢ラガーマンがいることに驚いて撮影(P.99)。雑誌にも掲載されるなど話題になった。

戦していた仲間が写真や動画を送ってくれて、感激しました。90代になって自分の人生にこんなことが起きるなど、夢にも思っていませんでした。

ところが、この話にはまだ続きがあったのです。「90代でもラグビーを続けている永山さんのことを本にしたい」というお話が来たのです。この本のことですね。

ただラグビーが好きで続けてきただけの自分が本を出す？とまた驚きました。

でも、「日本には80代、90代になってもラグビーを続けている人がいるんだ」ということを知ってもらい、ラグビーに興味を持つきっかけになるかもしれないと思い、お引き受けしました。

この本が、ラグビーを愛する人、高齢になっても生きがいを持って人生を歩みたい人に、一つでもお役に立てる内容になっていれば、こんなにうれしいことはありません。

永山隆一

もくじ

3章　トライ　男90代ひとり暮らし、生きることへの挑戦

4章 ノーサイドの日まで　グラウンドで死ねるなら本望だ

5章 スクラム ともにたたかう80代の仲間たち

おわりに

COLUMN

長女・芳子より

長男・正隆より

1章

キックオフ　楕円のボールにあこがれ続けて

子ども時代、戦争・疎開で断念したラグビー。大学で夢が叶い、
楕円のボールを追う70年以上のラグビー人生がはじまった。

「天王寺中学でラグビーをする！」戦争でその思いが砕かれた小学生時代

ぼくは1932年に大阪市住吉区で生まれました。昭和でいえば7年です。両親はともに明治の生まれで、鹿児島県の出身。当時としてはかなり珍しい医者夫婦でした。父は京都帝国大学医学部を卒業し、大阪の市民病院に勤務していました。母は東京にあった帝国女子医学専門学校、通称「帝国女子医専」の第2期生でした。この学校は、NHKの朝ドラ『梅ちゃん先生』の主人公・梅子さんが通っていた学校のモデルとして知られます。戦後になって共学となり校名も「東邦大学」に変わり、ぼくの母校になるのですが、その話は追い追いいたします。

いま思えば、母は非常に先進的な女性でした。明治生まれの女性が、鹿児島から東京に出てきて医師になる……並大抵のことではなかったでしょう。

もともとは母のおじが医師で、子どもがいなかったので跡継ぎとして期待されていたようです。母は医師になってから鹿児島に戻り、おじの医院で働いていました。

母はよく「私は馬を引いて往診に行っていた」と言っていました。「馬に乗って」ではなく「馬を引いて」なのがポイントです。なぜかというと「女だてらに馬に乗るなんて！」と言われ、馬には往診用の鞄だけをのせて、本人は歩いて患者宅に行っていたのだとか。「こんな古くさい考えをする町で、医者なんてやっていられないと思った」という話を聞かされた覚えがあります。

父と母は同郷のよしみで結婚し、大阪市住吉区に居を構えました。そこで生まれたのがぼくと2人の妹、そして弟の4人の子どもでした。

東大阪市にある花園ラグビー場をご存じでしょうか。高校生ラガーマンにとっての「花園」は、高校野球における「甲子園」と同じ意味を持ちます。日本初のラグビー専用グラウンドで、戦前から国際親善試合なども行われていました。

父が京大に在籍していた昭和初期は、ラグビー部がとても強かったそうです。「京大ラガーたちは、ラグビーのためなら命も惜しまぬ」と、父は自慢げに話していました。おかげでぼくは小学校に入る前から、「ラグビーはかっこいい」「一刻も早くラグビーを始めたい」と思っていたのです。

ラグビーが盛んな大阪の中でも、天王寺中学のラグビー部は強豪で、子どもたちのあこがれの的でした。ぼくも「天王寺中でラグビーがしたい！」と思うようになりました。

当時の中学校（旧制中学）は義務教育ではありません。現在の中高一貫校のような5年制の中等教育校で、中学受験をして入学する学校でした。いまも「〇〇高校に行くなら〇〇中学が有利」などという噂があると思いますが、当時も「天王寺中に受かりたいなら常盤小」という〝黄金ルート〟がありました。

ラグビーが好きな父にとっても、教育熱心な母にとっても、「常盤小から天王寺中」のルートに長男を乗せたい気持ちは共通でした。そんなわけでぼくは、地元の小学校ではなく常盤小学校に越境入学したのです。

そのまま順調に進めば、ぼくのラグビー人生は中学1年生で始まったはずなのですが、そうはいきませんでした。理由は、太平洋戦争の激化です。

1944年6月、当時の政府は「学童疎開促進要綱」を閣議決定しました。簡単にいえば、東京や大阪、名古屋、小倉など13都市の子どもたちを「地方に避難させなさい」という決定です。日本が空襲の危機にさらされ始めた頃でした。

大阪府はそれにならい、大阪市内の学童の疎開をすすめました。原則は縁故疎開、つまり「各自、親戚を頼って疎開しなさい」というものです。ぼくの両親はそろって鹿児島出身です。縁故疎開するなら鹿児島に戻るしか選択肢はありません。両親とともども、ぼくら一家は大阪を去ることになりました。

頼れる親戚が地方にいない場合、子どもだけで集団疎開させられました。この年の6月から9月末までに大阪を去った子どもは、十数万人にものぼるそうです。

このとき、ぼくは小学6年生。翌年にはあこがれていた天王寺中学に入学するはずでした。しかしぼくが大阪で暮らすことは二度となく、遠い鹿児島で天王寺中学ラグビー部の活躍について聞くことになるのです。

小学校時代の仲間がラグビーで全国優勝。喜びとくやしさがまじり合う

ぼくら家族が疎開したのは、鹿児島県の宮之城町《みやのじょうちょう》（現・さつま町《ちょう》）という場所です。当時は「沖縄が陥落したら、次は鹿児島に上陸する」という噂がささやかれていました。「鹿児島市は真っ先に米軍が上陸するだろう」と考えた両親は、山の中の小さな町に住むことを選択したようです。

１９４５年３月、ぼくはこの町の小学校を卒業し、川内市《せんだいし》（現・薩摩川内市《さつませんだいし》）にある川内中学校に通うことになりました。川内中学校もラグビーが盛んな学校だったのですが、いかんせんぼくの住む町からは汽車通学で片道１時間半もかかります。しかも汽車の本数が非常に少ないのです。朝５時に起きて列車に飛び乗り、授業が終わると列車の時刻までに学校を出なくてはいけません。ラグビー部はもとより、

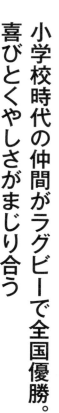

部活動に入ることもできませんでした。ぼくは朝夕ただただ汽車に揺られ、そのほとんどは寝て過ごしていたのです。

そんなぼくに、衝撃的なニュースが飛び込んできたのは高校3年生のときでした。大阪の天王寺高校ラグビー部が全国大会で優勝を果たしたのです。

当時、旧制中学の多くは高等学校に変わり、天王寺中学も天王寺高等学校に名を改めていました。その天王寺高校が、優勝の常連だった強豪・秋田工業高校に圧勝したのです。

新聞を見ると、戦争が終わって大阪に戻った常盤小学校の仲間のうち何人かが、優勝メンバーに入っていることを知りました。「すごいじゃないか。よかったなぁ！」と思う気持ちと、「もしもあのとき、自分が大阪に残っていれば……」といううくやしい気持ちがまざり合い、なんともいえない気持ちになったことを覚えています。

はじめて袖を通した「天王寺」のタイガージャージ

天王寺高校ラグビー部が優勝したときのメンバーの一人に、青井達也《あおいたつや》という男がいます。彼は天王寺高校卒業後に慶應義塾大学に進学し、伝統ある慶應ラグビー部で主将を務めました。在学中に日本代表チームにも選ばれ、日本代表でもキャプテン。海外遠征でも活躍した有名な選手です。

彼とぼくは常盤小学校の同級生でした。幼い頃から彼はいつも級長、おかげでぼくはいつもヒラ（笑）。彼は空襲のさなかも防空壕で受験勉強をして天王寺中に入学したのだと、のちに教えてくれました。努力家でもあるのです。

彼の活躍は新聞などでよく目にしていました。あるとき、学生オール関東とオール関西の選抜選手による試合があると知りました。ぼくたちが大学生のときです。

新聞を見ると、青井がオール関東代表として出場すると書いてあります。そこでぼくは、初めて彼の試合を応援に行ったのです。

試合が終わりロッカールームに戻る彼を見つけて「青井！」と声をかけました。ふりむいた彼は「永山か！」と驚いた顔を向けてくれました。彼はぼくのことを覚えてくれていたのです。うれしかったですね。

さらにもっとうれしいことがありました。ぼくが大学でラグビーを始めているのだと話すと、「じゃあ今度、試合に参加してくれよ」と言われたのです。

「天王寺高OBと北野高OBの試合が、東京であるんだ」

北野高校は天王寺高校と並ぶ大阪の進学校であり、大阪ラグビーの名門校でもあります。最近では、元ラグビー日本代表の廣瀬俊朗さんの出身校としても知られています。1941年大会では旧制天王寺中学と旧制北野中学が決勝でぶつかり、北野中が優勝したという因縁の関係でもあります。

この2校のOBは、その後も交流試合を続けていると知って驚きました。しかも青井は、「永山も天王寺OBとして出てくれよ」と言うのです。「常盤小の仲間なんだからいいじゃないか」と。もちろん二つ返事で引き受けました。

あこがれて、あこがれて、それでもけっして袖を通すことができなかった天王寺中学のタイガージャージ。青と黄色の横縞のユニフォームに身を包んで、ＯＢ戦に出場させてもらうことができたときの感動は忘れられません。その後も天王寺vs.北野ＯＢ戦には何度か出場させてもらいました。

ちなみに、青井の息子の博也くんもラガーマンになり、慶應大ラグビー部で活躍。いまはぼくと同じ不惑倶楽部の仲間です。


あの戦争は、多くの人の人生を変えました。大阪から広島に疎開した同級生の一人は、原爆の犠牲になって亡くなりました。大阪の街は何度も大きな空襲にさらされ、大阪市のほとんどは灰燼に帰してしまいました。

10代の時間は、二度ととり戻せません。それでもぼくは大人になって天王寺のジャージを着てグラウンドに立つことができた。そんな救いがあったことだけでも、自分は幸せ者だと思うのです。

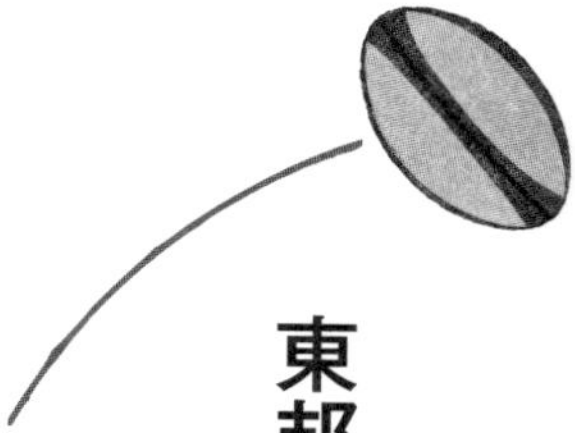

東邦大学ラグビー部、ここに誕生！

父は44歳のとき、結核で亡くなりました。ぼくがまだ中学生のときです。

母は教育熱心な人で、息子2人は医者に、娘2人は音楽家に、と考えていたようです。となると、田舎で子育てするよりは選択肢の多い都会で学んだほうがいい。母は東京で暮らす準備を進めながら、上の妹をひと足先に東京の親戚の家に預けて音大受験への準備も進めていました。ぼく自身は「両親とも医者だし、自分も医者になろうかな」くらいの感じで医学部の受験を決めて、鹿児島で受験勉強をしていました。

1951年1月にぼくの受験に合わせて東京・板橋区へ引っ越し、家族そろって暮らし始めました。同時に、母はそこで「永山医院」を開業。母の卒業した帝国女子医専は「東邦大学」に名前を変え、男子も入学できるようになっていました。ぼくはその医学部を受験して受かり、進学することになったのです。
しかし、当時の東邦大学医学部教養課程のキャンパスは千葉県の習志野市にありました。ぼくは習志野にある大学の寮に入って生活を始めました。

ぼくが入学した１９５１年は、まだ共学になって3年目。男子学生がようやくそろい始めた段階です。

入学してすぐ、ぼくともう一人の同級生の男子が、体育の先生である額田《ぬかだ》年《ねん》先生に呼び出されました。先生は帝国女子医専の創始者のご子息にあたる人です。額田先生は言いました。

「男子学生が増えてきたから、サッカー部かラグビー部のどっちかをつくりたいんだけれど、きみたちでつくってくれないだろうか？　どっちがいい？」

震える思いでした。子どもの頃からやりたくてたまらなかったラグビーができる！　ぼくは当然「ラグビーがいいです！」と即答しました。ところがもう一人は高校時代サッカーをしていたので「サッカーがいい」と言うのです。ぼくは「なんとしてでもラグビーがしたい」と思い、彼を説得してラグビー部をつくることに同意してもらったのです。

その何日か後の昼休み、ぼくらはグラウンドに呼び出されました。額田先生がうれしそうな顔で「買ってきたぞ」と見せてくれたのは、ラグビーボールでした。

あこがれ続けた楕円のボール。

「ありがとうございます」と受け取るや否や、たまらずにぼくはボールを力いっぱい蹴り上げていました。習志野の透き通った青空に、楕円のボールが弧を描いて飛んでいきました。ゆっくりと、吸い込まれるように。

この日この瞬間が、東邦大学ラグビー部の始まりであり、永山隆一の長い長いラグビー人生のキックオフの日でした。

……と、ぼくは非常にドラマチックに記憶しているのですが、そのときそばにいた仲間に言わせると、「永山は額田先生からボールをひったくって、いきなりボールを蹴とばした」ということになるようです。だとしたら、申し訳ない（笑）。

熱き血潮をたぎらせる医学部ラガーマンたち

当時の習志野キャンパスにはいくつもグラウンドがありましたが、その一角をラグビー部が使わせてもらうことになりました。

ラグビー部にはぼくのような未経験者もいれば、中学・高校で経験を積んだ者もいました。コーチなどはいませんでしたから、経験のある学生に指導してもらいながらパスやキックの練習を始めました。

できたての部です。ラグビージャージもありません。みんなで冬用の厚手のメリヤスのシャツ（肌着）を自分たちで紫色に染めて、そこに襟を縫いつけてジャージ代わりにしました。スパイクなども買えませんから、運動靴です。

翌年、初めての部費として7300円をもらい、紺色に白襟のジャージを15着そろえることができました。「あとはスパイクだ！」と学生課に相談すると、「グラウンドに残っている兵舎の柱を抜き取って、寮の物干し竿の支柱にしてほしい」と依頼されました。つまり「肉体労働のアルバイトをしろ」ということです。

もちろん引き受けました。ラグビー部全員で大汗を流して柱を抜き、そのバイト代でスパイクを買いそろえることができました。

紺色のジャージと茶色のスパイクはあまりにも大切で、公式の試合のときにしか着用しませんでした。体育祭のときに部内で試合をしましたが、その写真を見ると、手染めのシャツを着ている者もいれば、柔道着を着ている者もいます。裸足の者もいます。物資のない時代の、懐かしい記憶です。

当時の東邦大学医学部は6年間の一貫教育ではなく、教養課程を2年終えたあと、再度医学部を受験し直す必要がありました。ぼくもなんとか合格して、無事に医学部の1年生になることができました。校舎は東京の大森に移りました。

医学部1年目の春、たまたま東京駅のホームで同級生に出会いました。舳松洋《へのまつひろし》といい、彼は別の大学の教養学部を終えて東邦大学医学部に入ってきたばかりでした。「どこに行くんだ？」と聞かれて「ラグビーの試合だ」と答えると、「応援に行きたい！」と言うのです。彼は高校時代にラグビーをやっていたそうで、東邦にラグビー部ができたと知って大喜びでした。もちろん入部してもらい、以後、協力して部を盛り立てました。そして、長年のラグビー仲間、生涯の友となりました。

この年、関東医歯薬大学ラグビーリーグが戦後再発足しました。

これは一般の大学が所属する関東大学ラグビー対抗戦グループなどとは異なり、医学部、歯学部、薬学部のラグビー部だけが所属するリーグ戦グループです。1953年当時の参加校は慈恵大学、昭和医科大学、日本大学医学部、そして東邦大学の4校だけ。ちなみに現在は31校の加盟校があるそうです。

このとき東邦大学ラグビー部は理学部の学生が多く、医学部はぼくと舳松の2人しかいません。これでは医歯薬リーグに参加しにくいということになり、2人で医学部の学生を勧誘しました。1年生だけでは人数が足りないので、上級生に声をかけ、なんとか人数を増やしました。舳松に「永山は口がうまいなぁ」とほめられた(?)ほど、ぼくはかなり勧誘上手だったと思います。

1年生のときのリーグではどこにも負けなかったので、実質は優勝だったはずです。しかし当時は優勝カップも何もなく、ようやく優勝カップをつくってもらった翌年以降は優勝できませんでした。結局そのまま卒業することになり、舳松はくやしそうでした。

あれから70年余り。母校の学生たちがあの日のボールをつなぎ、ラグビー部を盛り立ててくれていることを、心からうれしく思っています。

長男・正隆より

ぼくも父に続いて東邦大学医学部に入り、ラグビーを始めました。ラグビー部が1996年に関東医歯薬ラグビーリーグ2部で準優勝し、1部昇格が決まった試合の直後、ぼくは父と握手しに行ったことを覚えています。父もぼくも無言でしたが、父が舳松さんとともにつくり上げたラグビー部で息子がプレーし、自分同様に真剣にラグビーと向き合っていることを実感して、うれしかったのだろうと思います。

ポジションはフォワード。チームのためにボールを奪う

ラグビー部がスタートし、ぼくはフォワード、舳松はバックスを務めました。ざっくりいうと、敵にぶつかってボールを奪い、それをバックスにつなぐのがフォワードの役目。敵をかわしトライを決める（点数をとる）のがバックスの役目。ぼく自身は、自分でトライを決めようなんて考えたことはありません。トライをしてくれる仲間にパスができることが、自身の喜びだったのです。

大学でラグビーを始めた頃、ぼくの身長は174センチほどありました。当時としては背が高いほうだったので、フォワードの中でもジャンプしてボールをキャッチする「ロック」というポジションの担当になりました。スクラムを組むときには2列目に位置し、スクラムをがっちり固定する（ロックする）役割です。

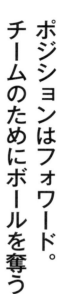

ラグビーのポジション

スクラム
敵味方のフォワードの８人ずつが激しく押し合う。

スクラムでは、フォワードの８人が組み、敵の８人と押し合います。安定感のある力強いスクラムを組むことができると、敵を押し負かし、敵ボールを奪うこともできるのです。スクラムは選手の体重が重いほうが有利とされているので、フォワードには体格の大きい選手が配置されやすくなります。

そんなふうに、選手15人それぞれにポジションと役割が明確に決まっていることはラグビーの大きな特徴です。一人ひとりが自分の得意を発揮してチームに貢献できる、それがラグビーのおもしろさだとぼくは思っています。

舳松はテクニックを生かして、バックスでトライを目指す。未経験でプレーのうまくないぼくも、体の大きさを生かせるロックとしてやスクラムの一員として貢献でき、また、敵にタックルしてボールを奪う「当たり屋」もよくしました。

ぶつかり合いやボールの奪い合いは何歳になってもワクワクしますし、ラグビーで好きな部分です。さすがに90代ともなると、まわりが遠慮するのですが。

ラグビーといえば、「One for all, All for one」の言葉を思い浮かべる方もいるでしょうか。ラグビーの精神を表す言葉として有名ですね。「一人はみんなのために、みんなは一人のために」とよく訳されますが、ラグビーの場合には「一人はみんなのために、みんなは一つの目的（勝利）のために」という意味として使われることが多いといわれます。

そのように、個人プレーより、目的のために自分の役割を追求することも、自分の性格に合っていた気がします。「しつこいプレー」と言われたことがあり、ほめ言葉ではなかったのでしょうが、泥臭く、ねばり強くやるのは苦になりません。だれもが自分を生かせる場がある。ラグビーのそんな懐の深さもやはり好きで、大学時代からいままで続けてこられた理由の一つかもしれません。

ちなみに、いまは腰が曲がってしまい、身長は160センチを切りました。フォワードに向いた、大きな男ではなくなりました。それでも、「腰が曲がったから、スクラムの姿勢はとりやすくなったよ」と負け惜しみを言っています（笑）。

大学を卒業しても、学問とラグビーは続く

ラグビーに夢中の大学時代でしたが、卒業とともに自分が立ち上げたラグビー部ともお別れでした。しかし、ラグビーをやめるつもりはまったくありませんでした。大学を卒業してしばらくした頃、ぼくは新しいスパイクを買いました。それを見ていた仲間の一人が「おまえ、まだラグビーをやる気なのか?」と言うのです。「大学を卒業したからといって、学問は終わったわけじゃない。ラグビーもまたしかり、だ」とうそぶいたことを覚えています。

とはいえ、卒業してしまうと、当時年に1~2回程度だった現役vs.OB戦に出場するくらいしか試合の機会はありませんでした。「もっとラグビーがしたい!」と思っていた頃、「ドクタークラブ」(現・東京ドクターズラグビーフットボールクラブ)が結成されました。もともとは日大ラグビー部OBが始めた「日大ドクタークラブ」が

母体でしたが、他校出身者の医師や歯科医師も入会させてもらえるようになり、東邦大OB数名とともに参加させてもらいました。

練習や試合があるのは日曜日。「休日になればラグビーができる！」と、それを楽しみに仕事をするような日々が始まったのです。

一方で、ぼくは医師としても多忙になっていました。東邦大学で2年ほど助手をしたあと、関東逓信病院（現・NTT東日本関東病院）の外科に勤務。仕事は充実していましたが、立場は研修医だったので給料は雀の涙です。いまはそんなことないのでしょうけれど、当時はそれが常識でした。

「このままじゃ結婚もできないぞ」とアドバイスしてくれる人もいました。それで東芝大井病院（翌年には移転して東芝中央病院に。現在は東芝の傘下を離れ、東京品川病院に）で外科医として勤務することになり、無事にお給料をもらえるようになりました。ここでぼくは、定年退職までお世話になり、その後は東芝府中ラグビー部のチームドクターにも就くことになるのです。

ついに結婚。妻も医師。子どもは3人

「お金も稼げるようになったんだから、そろそろ結婚したらどうだ?」と先輩医師に紹介されたのが、のちの妻です。千葉大学医学部をもうすぐ卒業する女性がいるから見合いを、ということでした。

奥野恵美子、当時医学部の6年生でした。どんな人だろうと思い、ぼくは千葉大学を訪ねました。彼女が所属しているテニスサークルを見に行ってみたのですが、残念ながら会うことはできませんでした。

見合いの席で初めて会った恵美子の第一印象は、ちょっとこわそうな人だな、と(笑)。結婚の条件として、「常に勉強を続けること」と言われて驚きました。でも、ぼくの母も女性医師でしたし、夫婦で医師をしている両親を見て育ったので、こういう相手が自分に合っていると感じ、結婚を決めました。

幸いなことに、結婚してから2年おきに長女、次女、長男という3人の子どもに恵まれました。にもかかわらず、仕事とラグビー三昧でいっしょに過ごす時間が少ない父であったことは自覚しています。改めて申し訳ない。

長女・芳子より

母は2017年に亡くなりましたが、娘の目から見ても個性的で、強い女性でした。母は子どもの頃、腹痛や下痢を繰り返し、祖母（母の母）に連れられてあちこちの医者にかかりました。でもいっこうによくならなかったため、「医者は信用できないから、自分がなるしかない」と思って医師を目指した経緯があります。ですので、医師である一方、自身が患者でもあったので、二重の意味で勉強熱心だったのかと思います。

キャリアウーマンの元祖みたいな人で、仕事も遊びも手を抜きません。「大統領」とあだ名がつくほどのパワフルさで、前日夜まで新潟で大好きなスキーを楽しんで、翌日急いで東京に戻って午後から病院で外来を担当するといったこともありました。とにかく忙しくて、私が中学生の頃、学校の話をしようとしたところ、「10秒にまとめて話して」「結論はなに？」と言われた記憶もあります。

旅行も好きで、国内・海外問わずよく父を引き連れて旅行していました。でも父は、どこに行ったか何にも覚えていないそうです。父は本当にラグビーしか興味がないし、ラグビーさえできればいい人なんです。

母は西洋医学でカバーできない部分として、食材の研究にも熱心でした。「食べたものが体を作る」と父にも説き、健康にいい料理をたたき込んでもいました。父自身は意識していないようですが、それも健康や長寿につながったと思います。

ケンカの多い両親でしたが（とくにラグビーのことをめぐって）、母はよく「あの人は私のことが好きなのよ」と冗談めかして言っていました。それはあながちウソではなかった気がします。

実をいえば私、中学生のときに両親が交わしたラブレターの束を発見してこっそり読んだことがありました。手紙をとっておいていたのは父でした。母からもらった手紙に加え、自分が書いた手紙の下書きまで残していました。ちなみに母は父からの手紙は捨ててしまったようです。「いまが大事。過去はどうでもいい」という人だったので。

左上：舳松と、ぼくの子どもたちといっしょに。左下：昔は体重もあり、体が大きかった。右下：京都旅行にて。妻は病気が進んでからも、旅行を企画してはぼくを連れて出かけていた。右上：妻は晩年、歩行器を使っていた。リハビリを兼ね、ゆっくりいっしょに散歩。

地方で試合、夜行で戻って翌日は病院へ。ラグビーのためならつらくはない

結婚してからも、病院で働きながら休日になるとドクターズクラブ（P.36）の練習や試合に参加するという生活を続けていました。

同じようなドクターズクラブは全国につくられるようになり、1963年には第1回日本ドクターズラグビー大会（第2回からは全国ドクターズラグビー大会）が、花園ラグビー場で開催されました。これは当初4年に一度でしたが、第5回大会から2年に一度開催されています。そのような大会だけでなく、各地のクラブとの交流試合も増えました。ぼくにとって印象深いのは、岩手ドクターズクラブとの試合です。

岩手医科大学医学部OBが中心のチームでしたが、残念ながら試合の内容は覚えていません。覚えているのは、帰りの夜行寝台列車です。新幹線のない時代でした

から、試合が終わったら夜行列車の寝台車で帰ってきたのです。

当時の寝台列車は二段ベッドならぬ三段ベッド。たぶん三等寝台だったかと思います。下段はやや広いものの、上にいくほどに狭くなり、最上段になると天井が迫ってくるほどです。細いハシゴを上って最上段になんとか横になっても、ベッドの幅はとても狭く、フォワードの大男たちは寝返りも打てない状態です。

試合が終わって寝台列車に乗ったところ、ぼくの寝台は極狭の最上段でした。試合で肋骨を骨折していたぼくは、ベッドへ上るだけでもひと苦労。しかも揺れるし、寝返りも打てない。あの一夜は本当につらかったですね。忘れられません。

そんな思いをしても、仕事が忙しくても、家族ができても、「もっともっとラグビーがしたい」という思いはまったく薄れません。スパイクを履いて、ボールを追いかけることは、ラグビーを始めてから変わらぬ無上の楽しみでした。

そんなときドクターズクラブの試合で、ぼくは「不惑倶楽部」と出会います。それがその後のラグビー人生の大きな転機となりました。

COLUMN

長女・芳子より

「ノー」と言えない父が、一つだけ譲らなかったのがラグビー

父は仕事とラグビーで私の子ども時代からほとんど家にいなかったので、正直いってどんな人なのかよくわかっていなかった気がします。当時の印象としては、何でも妻の言うままに従う「自己主張をしない人」。父の母も強い人で、息子に子ども時代から英語やピアノを習わせるなど教育熱心な「猛母」でした。その母の言うままに育ち、結婚後は妻の言うままに暮らす、受け身な父といった印象でした。

まわりの人や患者さんからも、頼まれたことには「ノー」と言えません。その「人の言うまま」で「断れない」父を私は歯がゆく思っていた部分があるのですが、自分が社会人になって父の違う面を知る機会がありました。

私が研修医のとき、父が定年退職して間もない病院にしばらく勤務しました。そこで父を知る人の話から、父が医師としても人間としても目の前の患者さんに誠実に向き合い、最善を尽くしていたことを知りました。母の晩年も、献身的といえる介護をしていました。人の言うままだったり、お願いごとに「ノー」を言えない父には半面、頼られた相手に全力で応えようとする姿があったのです。

そんな父が唯一、断固として「ノー」を言ったことがありました。ラグビーをやめて、という母に対してでした。くわしくはあとでお話ししますが、母のあの猛攻に耐えて続けたのは、それだけラグビーが好きだったからでしょう。

試合に付き添ったり、いまは私が頼られる側です（笑）。

2章

タックル　年齢ではない。挑み続ける気持ちだ

四十路間近で誘われた40代以上のラグビーチーム「不惑倶楽部」には、
年齢や限界に挑戦しながら、ラグビーを謳歌する仲間たちがいた。

日本に「不惑倶楽部」あり！世界に誇るオーバー40ラグビーチーム

ぼくが90代になってもラグビーを続けられるのは、もちろん家族のサポートが大きいのですが、所属しているラグビークラブ「不惑倶楽部」のおかげです。この章のはじめに、その「不惑倶楽部」についてお話しさせてください。不惑倶楽部とその仲間たちが存在しなければ、ぼくが90代になってもラグビーを続けるなどありえなかったからです。

不惑倶楽部は、まだ戦後の復興が始まったばかりの１９４８年1月に誕生しました。ぼくが高校生になる頃で、当時、その存在は知りませんでした。

戦争から戻ってきた元ラガーマンが中心になり、焼け野原となった東京のバラック街に集い、「せめて昔のように、ラグビーを楽しもうじゃないか」と40歳以上の

ラグビーチームを立ち上げたそうです。発起人7名の選手たちは「七人の侍」とし

て、いまも語り継がれています。チーム名の「不惑倶楽部」は「四十にして惑わず」

という孔子の教えより名づけられたものです。

当時、40歳以上のシニアラグビーチームなど世界のどこにも存在しませんでし

た。ラグビー発祥の地であるイングランドにもなかったそうです。つまり、日本の

不惑倶楽部は、世界初のオーバー40ラグビーチームなのです。

不惑倶楽部に刺激を受け、数カ月後には大阪に「惑惑ラグビークラブ」が誕生し、

さっそく不惑vs.惑惑の試合が行われたそうです。その翌年には福岡に「迷惑ラグビ

ー倶楽部」が誕生。1952年以降はこの3チームによる「三惑対抗ラグビーフッ

トボール大会」が定期的に開催され、ぼくも不惑倶楽部入会後から参加しています。

さらに日本の「惑ラグビー」に共感した海外の選手が、自国でもシニアラグビー

チームを立ち上げるようになりました。1979年には世界のシニアラグビーチー

ムが集う「ゴールデンオールディーズ・ワールドラグビーフェスティバル」も始ま

り、これも不惑の仲間といっしょに、ぼくは何度も海外遠征に参加しました。

不惑倶楽部に出会って広がった シニアラグビーの世界

不惑倶楽部に入る前からぼくが所属していたドクターズクラブは、ときどき不惑倶楽部とも試合をしていました。その頃から不惑倶楽部は非常に強いチームで、ぼくらは負けることが多かったと記憶しています。

あるとき、試合が終わったあとで倶楽部の人に声をかけられたのです。

「永山くんも、そろそろ40歳だろう？　不惑倶楽部は数え年だからもう入れるんじゃないか？　今度はこっちにも来いよ」と。

当時、ぼくは39歳だったと思います。誘ってもらえたことがうれしくて、「次の試合はいつですか？」と聞きました。すると「来週だよ」と言うのです。「試合は年に何回くらいあるんですか？」と聞くと、「年間50試合くらいかな」と言うのだから、仰天しました。当時のドクターズクラブの試合数は年に数回。一方、不惑倶楽部はほぼ毎週試合をしているのです（40代のチームの場合）。

これはかなりハードだぞ……と思いました。

しかも不惑倶楽部は、元日本代表選手なども所属する日本でいちばん有名なシニアチームです。そんなところで自分が勝負できるのか……と迷いもしました。でも結局、「不惑倶楽部でプレーしてみたい」という思いにはあらがえませんでした。

ぼくは不惑倶楽部に入会しました。背番号は59。年代別に色が分かれているパンツ（P.50）は、40代は白パンでした。

ちなみに、不惑倶楽部の背番号は入会順です。背番号59のぼくは、59番目の入会者ということです。ちなみに息子の正隆は460番。現在は680番台までいるそうですが、そこまで人数が増えたことをうれしく思います。

一方で、2ケタの背番号の人はもうほとんどいらっしゃいません。自分が不惑倶楽部の最年長になったことを思うと、入会当時から隔世の感があります。

不惑倶楽部が世界に広げた年代別パンツの色
白、紺、赤、黄、紫、ゴールド

不惑倶楽部のいくつかのルールは、現在、世界のシニアラグビーの共通ルールになっています。そのうちの一つが、年代別のグループ分けとパンツの色です。

現在、多くのオーバー40ラグビーチームでは、年齢でチームを分けています。そしてそのチームごとにパンツの色が違うのです。不惑倶楽部のウェブサイトにはこんな説明があります。

・40代は白パンツ……まだまだ青二才。
・50代は紺パンツ……一人前の顔をしていますが、まだまだです。
・60代は赤パンツ……ようやく人間扱いされます。
・70代は黄パンツ……人間を通り越して化け物に見えます。

・80代は紫パンツ……化け物です。神々しくもあります。
・90代はゴールドパンツ……こうなったら100歳までお願いします。

ここでいう年齢は「数え年」です。昔の日本では、生まれた年が1歳でした。その後、正月を迎えるたびに1歳ずつ年齢を重ねていきます。ぼくは1932年生まれなので、2021年の新年に不惑倶楽部では90歳を迎えました。新年最初の試合で名前入りのゴールドパンツをもらったときには、本当にうれしかったですね。

これらのパンツの色によって、試合のルールが違ってきます。年代混成で試合するとき、たとえば1つまたは2つ上の年代にはタックルしない（例：白パンツは、2つ上の赤パンツにタックルしてはいけない。紫パンツ以上のプレーヤーには、1つ下の黄パンツもタックルなし）などがあります。それは中高年が安全にラグビーをするためであり、長く生涯スポーツとしてラグビーを楽しむためのマナーにもなっています。ぼくが長くラグビーを続けてこられた背景には、こういった不惑ルールもあったのです。

「明治の魂」名監督のおすそ分けをいただいた

ずっとロックというポジションにいたぼくですが、不惑倶楽部に入ると「おまえ、若いんだから3番に来い！」と言われました。3番とは「プロップ」。スクラムを組むときの最前列で、敵と直接肩をぶつけて押し合うポジションです。

プロップは未経験であるうえに、不惑倶楽部でいっしょにスクラムを組むのは元日本代表や、元関東代表というものすごいパワーの持ち主。正面から相手チームの1番2番の選手がグイグイと押してくるし、ぼくの後ろでは味方のロックが猛烈な力で押してくる。前後から押しまくられたときの圧力はものすごく、ぼくの体は二つ折りになって宙に浮き上がってしまうのです。

不惑倶楽部おそるべし。改めてその底力に圧倒されました。

このままでは、自分は3番の役割がまったく果たせない。どうしたものかと思っているとき、頼もしいプロップの先輩がアドバイスしてくれました。

彼は学生時代、関東ラグビーの強豪・明治大学の3番を務めていた選手でした。

当時、明治大学ラグビー部といえば北島忠治《きたじまちゅうじ》監督。１９９6年に95歳で亡くなるまで、67年間も監督を務め続けた名将です。「前へ」というスローガンを掲げたことでも知られ、それはいまや明治大学全体のキャッチフレーズにもなっています。

なぜ「前へ」なのか。ラグビーは「後ろ」と「横」にしかパスできません。最短距離で敵陣ゴールにたどり着くためには、自分でボールを抱えて「前へ」進むのがいちばん早いのです。しかし直進しようとすれば敵のタックルが待ちかまえています。それをはねのけて前進するのですから、強靱な体と精神が必要です。

とことんフォワードを鍛え上げ「重戦車」と言われるスクラムを築き上げたのが北島監督なのです。「前へ」は明治の魂といえるでしょう。

ぼくは明治出身の先輩プロップに「どうすれば体が浮き上がらずに、相手を押せるのか」と聞きました。彼は手取り足取り教えてくれました。

まず教わったのは、スクラムを低く構えることでした。それまでのぼくは高さなど考えたことはなく、ただ力まかせにぶつかっていただけだったのです。重心を低くして姿勢を安定させて、スパイクのポイントと力のかけ方を意識する。そして相手との微妙な駆け引きも教わりました。その方法でスクラムを組むと、体が浮き上がることはありませんでした。さすが強豪校で名将に鍛えられた人だと思いました。

プロップとしてスクラムが安定した頃、ぼくの後ろに位置するロックの選手に「永山のおしりはいい形をしているので、押しやすいな」と言われたことがありました。鍛え続けた成果が出たというものです。

もう一つ彼に教わったことがあります。それは「プロップがトライをとろうと思うな」ということです。彼は学生時代、トライをとると北島監督にものすごく怒られたそうです。「フォワードはあくまでもボールを奪うのが仕事」「それをバックスに確実に渡すことだけ考えろ」と。

ぼくは北島監督とはなんら面識はありませんが、その教えをおすそ分けしていただいて、自分の役割を果たすことをいまも心に深く刻んでいるのです。

ただ、最近はずいぶんルールが変わって、ボールがスマートに出るようになりました。だからでしょう、フォワードの選手がボールを持って走ったり、トライしたりすることも珍しくはなくなりました。

でもぼくは昔の人間なので、「フォワードはトライなんてとらなくていい」と思ってしまいます。ボールを持って走るよりも、ラック*に選手が集まって、ガチャガチャと奪い合うのが好きなのです。

なかなかボールが出ずに、どんどんフォワードが折り重なって、人間の山みたいになって、何をやっているのかわからなくなることが昔はよくありました。それを思い出して、「なんだかいい時代だったなぁ」なんてつぶやいたりするのです。

*ボールが地面にある状態。

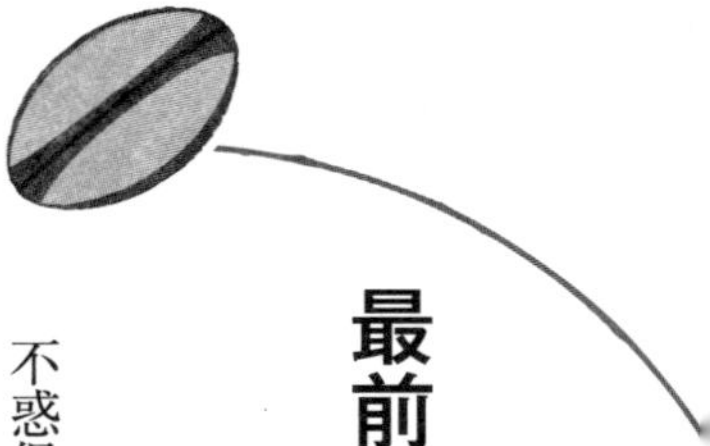

最前列はツライよ。気づいたら「餃子耳」に

不惑倶楽部の先輩に「今度の相手チームのプロップは、輪島（当時の横綱）と互角に渡り合った相撲部出身の選手だそうだ。そいつの対面は永山だ！」と言われたことがありました。プロップは押しの強さが大事なので、体の大きな学生相撲出身者が務めていることがあります。そういうプロップは重心が低く、ビクともしません。

押し負けてはいけないとスパイクの靴紐をしっかり結んでグラウンドに向かうと、実際の対面は小柄な選手。相撲部出身の選手がたまたま出場できなかったのか情報が間違っていたのかは知りませんが、不覚にもホッとした覚えがあります。

プロップの仕事は敵にぶつかっていくことです。スクラムを組んでも押し負けないことです。愚直に練習しているうちに、気づけば耳に異変が起こりました。

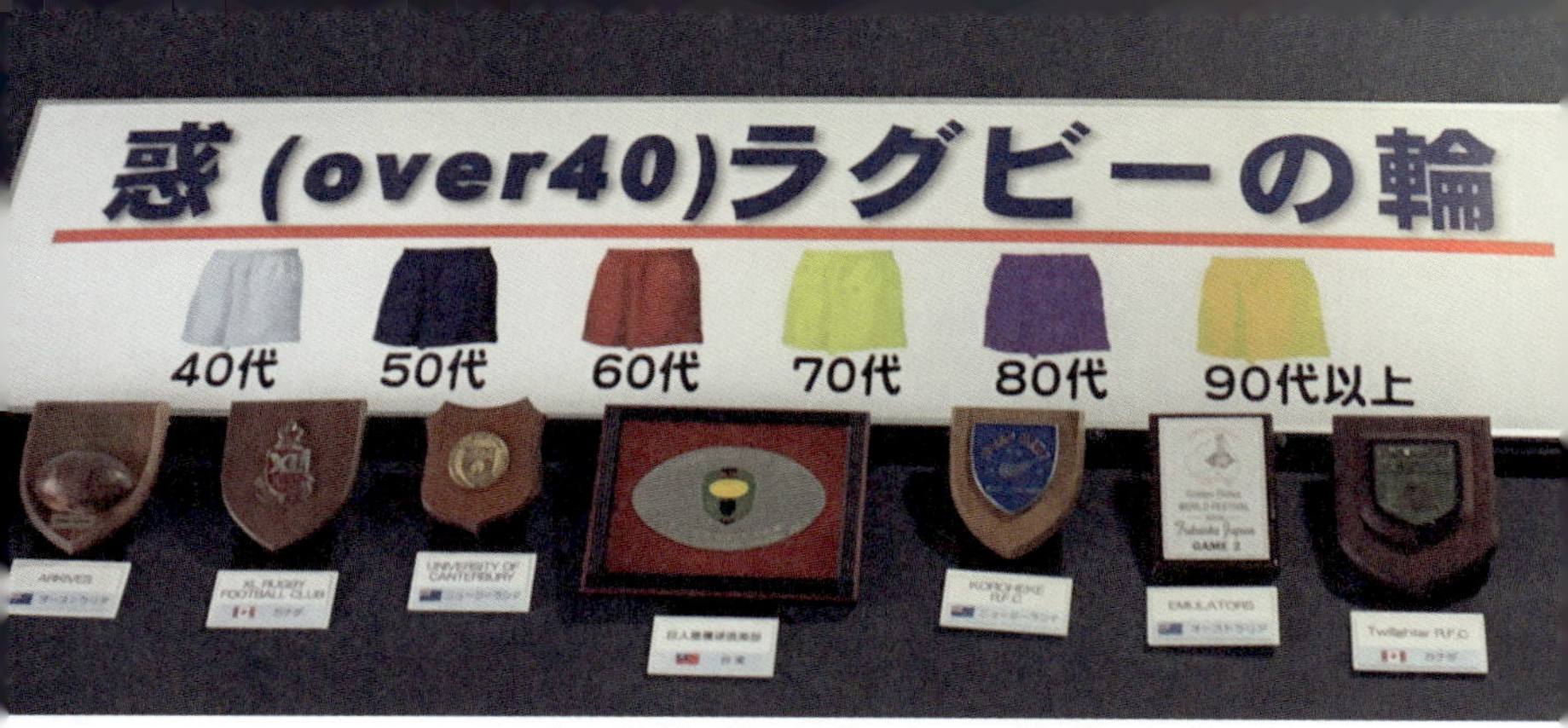

白：40代、紺：50代、赤：60代、黄：70代、紫：80代、ゴールド：90代は、シニアラグビーの国際基準に（P.50）。

> パンツの色は
> 年代ごとに
> 分かれる

年代がまざっての試合も。ぼく（右から4人目）はこの翌月にゴールドパンツになった。

60代になりたての頃（中央左）。

2023 年の三惑大会（P.104）でのオーバー 80 東西対抗戦の参加者。ゴールドパンツ（90 代）は 2 人。

90代でもラグビー！　ラグビー！

ボールに少しでも
からむため走る。

チームメイトを気遣う
ドクターとしての顔も。

パスはフォワードとして重要。

グータッチで仲間をねぎらう。

チームドクターとして

上：東芝府中ラグビーチームのドクターだったとき（P.71）に、選手だった薫田真広さん（現・東芝ブレイブルーパス東京ゼネラルマネージャー）と。

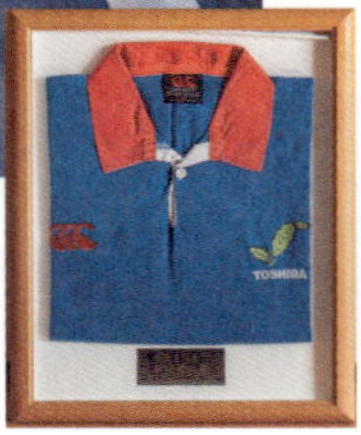

チームドクター退職の際にいただいたジャージ。

やはり東芝府中のチームドクターだったとき、サントリーラグビー部のチームドクターだった長男・正隆と、秩父宮ラグビー場で「父子対決」（P.77）。

小学校時代の友人
元日本代表ラガーマンと

大阪の常磐小学校の同級生で、元日本代表選手だった青井達也さん（右端、P.22）と。青井さんの関係するラグビーチームの試合にも、ときどき参加させてもらっていた。

「餃子耳」という言葉を知っていますか？　「カリフラワー耳」とか、柔道選手に多いので「柔道耳」とも言われるようです。これは柔道、レスリング、相撲、ラグビーのフォワードの選手に多い症状です。耳が圧迫されたりこすられたりすることが続くと、耳介に血液がたまって腫れあがってしまいます。放置しておくとそのまま固まってしまい、耳が変形します。

そんな耳に、ぼくもなってしまったのです。右耳に血がたまってカリフラワーみたいになりました。腫れて痛みも出ています。耳鼻科に行くと、最初は「これはラグビー選手の勲章だよ、勲章、勲章！」などと言われて特段の治療はしてもらえませんでした。しばらくがまんしたのですが、やっぱり腫れて痛い。こんなに痛い勲章はちょっとゴメンだと思い、もう一度耳鼻科に行ったら、このときは別の医師が「勲章」などと言わず、血を抜いてくれました。おかげで耳の腫れは引きましたが、今度は右耳だけがなんだか薄くなってしまいました。

いまも耳の形はなんとなく薄っぺら。見る人が見れば、ラグビーをしている人間だとわかるかもしれません。これもある種の勲章でしょうか。

繰り返す脱臼。肩を自分で入れることは得意

ラグビーにケガはつきものです。肋骨の骨折や鎖骨の骨折は何度もありました。でもいちばん多いのは右肩の関節の脱臼です。習慣性になってしまい、ほぼ毎試合脱臼するようになりました。

そのたびにベンチに下がるわけにもいきません。グラウンドでサッと治す技術を身につけました。

グラウンドにしゃがんで、脱臼したほうの手のひらを上にして地面に置きます。それをスパイクで踏みつけて押さえ、反対の手でわきの下を外側に押しながら立ち上がるのです。すると肩は元に戻り、すぐに試合に戻れるというわけです。

あるとき、それを見ていた人が「あれは人間じゃない」とつぶやいていたそうです。そうです。ぼくは人間ではなく、ラガーマンなのです。

脱臼のせいでプロップの仕事ができなくなって、再びロックに戻りました。それでも脱臼を繰り返すので、自分が働いていた東芝中央病院のスポーツリハビリテーションに通って肩の筋トレを教わりました。それ以来、脱臼はほとんどなくなりました。

長男・正隆より

家でも父は、たまに肩を脱臼していました。クセになっていたのか、幼児期にぼくが飛びついただけで外れてしまうんです。そのたびに父が、なんてことないように腕を元に戻すのをよく見ていましたから、これは普通にできることなんだろうな、と思っていたのです。

その認識が変わったのは、ぼくが高校生くらいのときです。たまたま見ていた映画で主人公が外れた腕を自分で戻すシーンがあって、周囲の人が驚きのまなざしで彼を見ます。「脱臼を自分で治す＝強い男」の象徴として描かれたシーンでした。そのとき「腕の脱臼を自分で治すって簡単にできることじゃないんだ」と知って、「おやじってタフに見えないけど、けっこうすごいんだなぁ」と思った記憶があります。

マッチドクター、猛スピードでグラウンドを駆ける

不惑倶楽部の試合は年50回くらいあると言いましたが、ぼくはおそらくその半分くらいにしか出場できていなかったと思います。出場しない休日は何をしていたかと言うと、マッチドクターをしていたのです。

「マッチドクター」というのは、スポーツの試合会場で待機し、治療を要することや医学的な判断が必要になったときに対応する医師のことです。その場で傷の縫合などをすることもあります。不惑倶楽部で自分がプレーする一方で、ぼくはマッチドクターとして、社会人から学生までさまざまなラグビーの試合に立ち会いました。

ラグビーはケガの多いスポーツです。試合中の負傷はよくあること。骨折したり、出血したり、脳振盪を起こしたり。昔のラグビードラマでは、フラフラの選手に「ヤ

カンで水をかければ正気に戻る！」というようなシーンがありましたが、実際はそんなに単純ではありません。脳に重大なダメージがある可能性もあります。

選手に出血があった場合、止血や縫合をして15分以内に試合に戻さなくてはいけません。頭部打撲は非常に危険なので、脳振盪と判断すれば退場、交代、さらに3週間は活動禁止となります。それを限られた時間内で判断し、選手の安全を確保しながら、試合の流れをできるだけ止めないことが大事なのです。

試合の間はずっとグラウンド脇で見守り続けます。かたわらには救急用や止血用の道具を入れたバッグを置いておき、その中でもよく使うものはウエストポーチに入れておきます。選手が倒れると、できるだけ最短のコースで選手のもとに駆けつけて対応しなくてはいけません。

なにかの試合の際、グラウンドで倒れた選手がいました。プレーが続いていますので、試合を止めちゃいけないと大急ぎで走っていたら、後ろから「ドクターが選手を追い抜くなよ！」という声が聞こえました。必死だったので猛スピードになっていたようです。とにかく早く対応しなくちゃと思っていただけなんですけどね。ぼくはそんなに足が速いほうではありませんが、ふだんから現役選手として鍛えていることが役に立っていたのでしょう。おかげで、年齢がいってからもマッチドクターとしてお役に立つことができました。

ときには、試合後にドーピングの検査に立ち会うこともありました。激しく汗をかいたあとなので、尿もなかなか出ません。ビールでも飲めばすぐに出るのでしょうけれど、そんなわけにはいきませんから、水を飲ませて出るまで待つしかありません。帰りの飛行機の時間にハラハラしたことも何度かありました。

マッチドクターとして関東ラグビーフットボール協会に登録していたので、必要なときに声がかかります。対象の試合も、小・中学、高校、大学、社会人とさまざまです。ボランティアですから報酬はありません。

ぼくはラグビーのアマチュア精神を信頼していましたので、その中で自分の医師としての仕事を役立てられることがうれしかったのです。

長男・正隆より

父はほとんど家にいない人でした。休日でも術後の患者さんの様子を確認しに病院へ出勤することもありましたし、そうでなければ不惑倶楽部の試合に出ているか、マッチドクターとして試合を見守っているか。家でのんびりしている姿を見たことはありません。

マッチドクターとしての父は、声がかかれば小学生の大会にまで手弁当で出かけました。大会の大きさや参加者で区別することなどはいっさいなく、無償であっても責任を持って試合をサポートする父の誇りと、同じラガーマンへの愛情を感じていました。

あるとき大学ラグビーのテレビ中継を見ていたら、ケガ人の治療のためにグラウンドを走っている父の姿が映っていました。「おやじじゃん」と、恥ずかしいやらうれしいやら。翌日、友だちにも「お父さんテレビに映っていたね」と言われて、なんとなく誇らしい気持ちになったことを覚えています。

ぼくもラグビーのメディカルドクターをしていますが、同じように責任感と誇りを持って務めたいと日々思っています。

海外遠征には何度も行った。が、どこに行ったかの記憶はない…

ラグビーの試合は、国内だけではありません。海外で試合をしたこともあります。最初に行ったのは、たしかカナダだったと思います。カナダのシニアラガーマンたちといくつか試合をして戻ってきました。

しばらくすると、今度はカナダの選手が何人か日本に遊びに来たので、不惑倶楽部の練習に参加してもらい、試合もしました。彼らはとても喜んでくれて、「地元にもこんなチームがあったらいいのに」と、カナダに戻ってシニアチームをつくったそうです。現在ではカナダにもシニアチームがいくつもあります。

そんなふうにだんだんと海外のシニアチームが増え、不惑倶楽部との交流も深まっていきました。１９７９年の第1回「ゴールデンオールディーズ・ワールドラグビーフェスティバル」はニュージーランドでの開催で、不惑倶楽部を含め、各国のシニアラガーマンが集いました。以来2年に一度、北半球と南半球のどこかの都市で行われ、ぼくもほぼ毎回参加していました。イギリスだけでもイングランド、スコットランド、ウェールズ、アイルランドに行ったはずです。あとはイタリア、フランス。南半球ではニュージーランド、オーストラリア、南アフリカにも行っているはずです。

「はず」というのは、どこへ行ったのかは記憶に残っていないからです(笑)。

海外で、いろいろな国の人たちとラグビーをしたことは覚えています。でもそれがどこの国なのか、どの町なのか、どこかに観光に行ったのか、何を食べたのかなどは記憶が飛んでいます。というか、もともとないのかも。

どこの国でだれが相手だろうと、とにかくラグビーができればいいので、国自体に目が行かなかったのが正直なところです。まわりにもあきれられますが、ぼくがいかにラグビー以外に興味がないかがおわかりいただけるかと思います。

定年退職後、東芝府中のチームドクターに

週末はラガーマンとして人にぶつかり続け、平日は外科医として人を切ったり縫ったりしているうちに、昭和が終わり、時代は平成に変わりました。ぼくにも定年が迫り始めてきていました。

60歳が近づくと、いろんな方が再就職先を紹介してくれるのです。医師としてまだまだ働ける年齢ですからね。

ぼくが長く外科医として働いていた病院は、東芝という会社の企業立病院でした。その関係もあって、東芝の府中工場（現・府中事業所）いわゆる「東芝府中」の健康管理センターの仕事を紹介していただきました。外科医ではなく、産業医としての仕事です。

ぼくを外科部長として招いてくれた病院もあったのですが、そちらは丁寧にお断りしました。外科は内視鏡の時代に入っており、従来の技術しか持たない医師が外科部長になることは迷惑になるだろうと思ったからです。

それに、東芝府中で働けることは、ぼくにとって大きな喜びでした。なぜかというと、東芝府中にはラグビーチームがあったからです。1948年創立の伝統あるラグビーチームで、87年には全国社会人大会で優勝を飾っていました。その後も社会人大会決勝戦の常連で、ぼくが東芝府中に来た頃には「来年こそは優勝するぞ！」という気概にあふれていました。

東芝府中の健康管理センター長の仕事を引き受けるとともに、ぼくは東芝府中ラグビーチームの専属のドクターもさせていただくことになりました。健康管理センターにはラグビー選手も頻繁に訪れますし、チームドクターとして試合や合宿に帯同して、選手の健康管理やケガの手当てなどもしました。

自身が選手として不惑倶楽部は続けながらも、ぼくはこれまでとはまた違った形でラグビーに関わり始めたのです。

当時の東芝府中の監督は、のちに日本代表監督にもなる向井昭吾《むかいしょうご》さん。キャプテンはニュージーランド出身のアンドリュー・マコーミック選手。彼は外国人で初めて日本代表の主将を務めた人物です。この2人のリーダーのもと、大学時代から日本代表として活躍していた薫田真広《くんだまさひろ》選手、日本初のプロラグビー選手としてフランスでも活躍した村田亙《むらたわたる》選手など名選手がいて、すごい勢いがありました。チームドクターの目から見ても、「これはいける!」と感じました。

その直感は当たりました。80年代後半から圧倒的な強さを誇っていた神戸製鋼チームを抑え、1996年から3年連続で日本選手権優勝という輝かしい成績を残したのです。この黄金期を多少なりとも支えることができたのは、ぼくの小さな誇りでもあります。

2024年、東芝チーム（東芝ブレイブルーパス東京）はリーグワン（2022年から始まった現在の社会人リーグ）で優勝しました。東芝としては14シーズンぶりの優勝だそうです。もはやぼくが多少なりとも知っている選手は、キャプテンのリーチ・マイケル選手くらいですが、若い頃から知っている薫田選手は、いまGM（ゼネラルマネージャー）としてチームを引っぱっています。昔の仲間とその後輩の雄姿を、テレビの前でたっぷりと応援しました。翌日はスポーツ新聞を買いあさり、読みふけりました。東芝チームを応援する気持ちは、いまも昔も変わりはしません。

そうそう、わが家にはマコーミック選手の現役時代のジャージがあるのです。もらったのは彼が引退するときだったでしょうか。彼が向井監督に「隆一先生にジャージを贈りたい」と相談してくれたのだと聞きました。向井監督は「そのまま渡すんじゃなくて、額に入れて贈るといいよ」とアドバイスしたそうです。

おかげでわが家ではいまも、額に入ったマコーミック選手のジャージが燦然と輝いています。

マコーミック選手にいただいた額入りジャージ。

2章　タックル〜年齢ではない。挑み続ける気持ちだ

トレーニングは日常生活の中で。仕事の合間にグラウンドの木にタックル

60代の10年間は、東芝府中で産業医として働きました。外科医の頃よりはずいぶん仕事の負担は軽くなったものの、週末は東芝府中チームの試合に帯同するか、不惑倶楽部でラグビーの試合に出場するかのいずれかですから、生活そのものはあまり変わりませんでした。

年齢が上がると、どうしても体は衰えていくものです。でもぼくはジムなどに行って体を鍛えることはしませんでした。時間がありませんし、トレーニングなんて日常の中でいくらでもできるからです。

たとえば通勤のときには、できるだけ速足で歩きました。それも極力最短距離で移動します。といっても駅や歩道は目の前に人がいますから、直線では進めません。

そういうときにはパッと身をかわしながらすり抜けていくようにします。敵のタックルをかわすようなイメージです。

エスカレーターも極力使いません。階段を上るだけで足腰が鍛えられます。

お昼休みにはよくランニングをしました。当時の東芝府中は会社の敷地がとても広くて、皇居と同じくらいあるといわれていたものです。調子にのって走りすぎると、休み時間内にセンターに戻ってこられなくなるくらいです。

トレーニングは「目標」を見つけ、それに向かうと長続きすると、患者さんにも説いてきました。上達の喜びでも運動をすることの爽快さでも、その目標を見つけるとトレーニングは自然と続き、健康管理に積極的になれると思います。

ぼくにはラグビーを続けたい、うまくなりたいというゆるぎない目標があったので、トレーニングは「健康管理」といった義務的なものというより、上達のために当たり前にする日課にすぎませんでした。ラグビーのためなら、何でも楽しい！

そういえば、ちょっと笑われたトレーニングもありました。グラウンドにはひとかかえ以上もある大きな桜の木があり、その木に向かってタックルするのもぼくの練習の一つでした。タックルマシーンよりも木にぶつかるほうが、感触がいいのです。ただ、悲しいことにすぐジャージがボロボロになるのです。古いジャージにつぎを当てながら何度もぶつかっていました。気がつくと、肩があざだらけ。桜の木でつけたあざですから、「桜吹雪みたいなもんよ」と「遠山の金さん」を気取っていました。

長女・芳子より

父は東芝中央病院の勤務時にも、院内でタックルのトレーニングをしていたようです。私も医師なのですが、父が東芝中央病院を退職した直後にこの病院で研修を受けたことがあります。その際、父をよく知る看護師さんが、とある柱を指して「この柱、隆一先生のお気に入りでしたよ」と教えてくれました。お気に入りの柱?? 聞くと「休憩時間はここでタックルをしていたんです」とのこと。あー、なるほどね。父がここで働いていた30年間、この柱は父の燃えたぎるラグビー熱を受け止め続けてくれていたようです。ありがとうと、柱に感謝した私でした。

チームドクターとして父子対決のときが来た⁉

70歳で東芝府中の健康管理センターを退職しましたが、チームドクターの仕事はその後もしばらく続けました。

息子の正隆も医師になり、サントリーラグビー部（現・東京サントリーサンゴリアス）のチームドクターになっていました。血は争えないものです。息子もぼくと同様、東邦大学医学部と同大ラグビー部を経て、東京ドクターズ（P.36）などでラグビーを続け、40歳になって不惑倶楽部にも入会。不惑のレベルの高さに驚いたと言っていて、40歳から30年以上も続けていたぼくや仲間を見直すきっかけにもなったようです。

互いに忙しくてなかなか話をする機会もなく、それぞれの仕事に邁進していたあるとき、東芝府中のチームドクターとして社会人リーグの試合がありました。相手チームはサントリー。ひょいと見ると、向こうのドクターは正隆でした。「こんなところで会うとは」と驚きました。

双方の選手たちから「親子対決ですね！」とからかわれたことを覚えています。

長男・正隆より

ぼくは父の姿を見て「スポーツドクター」にあこがれを抱き、大学卒業後にスポーツ診療に力を入れている順天堂大学病院に入局しました（専門は整形外科）。そこでサントリーラグビー部のチームドクターをしている先生に同行しながら、じわじわとラグビーのメディカルドクターに近づいていった、という感じです。

現在は、アンダー20日本代表のチームドクターとして、試合のみならず海外遠征や合宿にも帯同しています。試合の表舞台に立つのは選手たちですが、チーム一丸となって勝利を目指しているのはスタッフも同じ。日本代表選手が世界に羽ばたくことができるようサポートしていけたらと願っています。

そう思えるのはやはり、父の影響が大きいのでしょうね。

ラグビーによる「死」と向き合って

ぼくが90代でラグビーをしていると話すと、「こわくないですか?」「危険ではないのですか?」と聞かれることがあります。

強がりではなく、こわいと思うことはありません。タックルされたら転がればいいだけのことだし、強く倒されても試合中はほとんど痛みを感じません。骨折したことは何度もありますが、時間が経てば治ります。

タックルはラグビーの醍醐味ですし、スクラムで押し合い、ボールを勝ちとる喜びは何ものにも代えがたいのです。

でも現在、不惑倶楽部はゴールドパンツ(90代)にはタックル禁止です。赤パンツ(60代)以上は「スクラムを組んでも押さないこと」というルールもあります。ぼくも含め、ラガーマンはいつまでもガンガンぶつかり合ったり、ボールを奪い合ったりしたいものなのだと思います。ただ、不惑倶楽部のルールは高齢者が安心してラグビーを楽しむために必要であることはよくわかります。医師としても、激しい身体的接触を伴うスポーツをあなどってはいけないことは重々承知しています。現実に、ラグビーのマッチドクターとしても選手としても、試合・練習中にさまざまな負傷や事故を見てきました。

不惑倶楽部は、菅平高原（長野県）で毎年夏に合宿を行います。そこは標高が高いので夏でも涼しく、いろいろな大学や高校のラグビー部も合宿や練習に来ています。ぼくは不惑倶楽部に入会した頃から合宿にもできるだけ参加していたのですが、ある夏、忘れられないことがありました。

合宿の練習の合間に、「永山、おまえ外科医だろう。ちょっと診てあげてくれないか」と先輩に呼ばれたのです。菅平でラグビー部の合宿に来ていた高校生が、練習中に動けなくなってしまったとのこと。急いで向かい、診ると頸椎を損傷していました。

まだ少年でしたが、救うことはできませんでした。その高校生のお母さんはのちにぼくのもとにお礼に来てくれて、「息子は亡くなりましたが、私はラグビーを恨んではいません」と言いました。本当に心残りで、悲しい事故でした。

医師として、選手として、ラグビーによる負傷や事故に、より気を引き締めなくてはと改めて決意しました。

ぼくがラグビーを始めた当初に比べると、ラグビーのルールはずいぶん変わりました。激しさがなくなって少し寂しいと思うこともありますが、まだ体が完成していない若者でも、衰えが出てきた高齢者でも、ラグビーを始めたいと思った女性でも、だれもが生涯スポーツとして楽しめるルールは必要なことだと思います。

そして、安全に長くラグビーを楽しむため、ふだんから体づくりやトレーニングも心がけていっていただきたいと思うのです。

COLUMN

長男・正隆より

ラグビー、医師、チームドクター…
父の背中を追いかけて

父のあとを追うように東邦大医学部とラグビー部に入り、医師になり、チームドクターまでしていますが、高校生のときは自分がそんな道を選ぶとは思っていませんでした。

ぼくが高校を卒業する頃は、ちょうどバブルのピーク。ちょっとバイトをすれば小金が入るし、大学受験したり就職したりすることがバカバカしくなって、卒業後1年ほどはふわふわと過ごしていました。家にも帰らず、遊んでばかり。いま思えばただのボンボンで、母にはかなり心配されましたが、父に何か言われた記憶はなかったのです。

でもある日、家に帰ると置き手紙がありました。ふだんほとんど話さない父からの手紙で、驚きました。正直、よくわからない内容でしたが（たぶん遠回しすぎて真意が不明）、手紙を書いてくれたこと自体に心が動きました。将来を考えて、医学部の受験勉強を始めるきっかけになりました。

40歳になり、ぼくも不惑倶楽部に入会しました。入ってみて驚きました。非常にレベルが高い。ふだんからきちんとトレーニングしていなければ、とてもついていけません。70～80代であれはすごすぎる。気づけばぼくは幽霊部員に。

年齢を重ねるほどに、父のすごさを実感します。ぼくにも子どもが3人いますが、夏休みさえいっしょにいられません。父は夏休みだけは毎年、いっしょに過ごしてくれました。そんなところも見習わなくちゃ。

大学ラグビー部時代に父と。

3章

トライ　男90代ひとり暮らし、生きることへの挑戦

妻が亡くなり、85歳からひとり暮らしに。妻まかせだった自宅クリニックの事務的なこと、家事や健康維持も……また新しいチャレンジが始まった。

闘病の末、妻が他界。85歳で、やもめになりました

２０１７年、妻・恵美子が逝去しました。

妻は子ども時代に腹痛であちこちの病院を受診し、その際に血漿《けっしょう》輸血をされたことがありました。それが原因で、C型肝炎になっていることが50代で判明。その治療時、インターフェロンの副作用で自己免疫性肝炎にもなりました。さらに悪いことに、自己免疫性肝炎の治療で使ったステロイドの副作用もあり、骨粗しょう症で腰椎を圧迫骨折。最終的には要介護４に。多くの時間をベッドで過ごすようになり、最後は入院した病院で亡くなりました。

と書くと、病弱な弱々しい女性をイメージするかもしれませんが、妻はとても強い人でした。お手伝いさんの力を借りたりもしましたが、小児科医をしながら子ど

も3人を育て上げ、3人とも医師にしました。仕事の合間をぬって海外旅行やスキーや温泉に行ったりも。病気が進んでからは、自分のお別れの会まで開きました。

妻は関東逓信病院（現・NTT東日本関東病院）の小児科で働いていましたが、退職して自宅からさほど遠くない場所にクリニックを開業しました。さらにぼくが東芝中央病院勤務時代に、もう一つ自宅兼医院として「永山クリニック」も開業。そこはぼくが院長になりました、そのことはあとでお話しします。

そんなわけで、妻は永山家の柱であり船長でありました。ぼくの人生は仕事とラグビーだけでできていましたから、妻にまかせっきりだったと思います。にもかかわらず、ラグビー三昧だったぼくを気遣ってくれた妻でした。ラグビーをすることを反対された記憶は……あまりないですね。生活をすべて支えてもらったと感謝しています。せめてもの罪滅ぼしに、妻が旅行したいときにはカバン持ちとしてついていきましたし、病気で動けなくなってからは介護をさせてもらいました。

妻の最後の言葉を覚えています。入院中の病室に、お気に入りのピンクの毛布を持ってきてと言われ、届けに行きました。ところが病室に入ったとたん、「せっかく寝ていたんだから、起こさないでよ！」と叱られました（笑）。あれが最後でしたが、妻らしい最期だったと思います。

長女・芳子より

記憶はいい部分だけ残るといいますが、父もそうなのでしょうか。

事実としては、母は父がラグビーに行くことを常に怒っていました。ラグビーが原因の夫婦ゲンカは日常茶飯事。父は母の怒りを聞き流して、毎週末ラグビー場に駆けつけていたのです。「あの人に言っても意味がない」と気づいた母は、不惑倶楽部の人たちに不満をぶつけました。父と親しい人に電話をかけては、「うちの人をラグビーに誘わないでください」「今日は必ず○時までに帰してください」などと怒っていたそうです。ある方は「うちのファックス用紙、恵美子さんからの連絡で全部なくなっちゃったよ」と苦笑していました。不平不満を綴った大量のファックスが送られてきたとのことでした。

それでもきっと、父の目に映る母は「ラグビー三昧な自分を許してくれた妻」なんでしょうね。最後まで母を支えていました。でも、母の死後、後悔もあったのか父はげっそりやせてしまい、私が実家に戻っていたとき、夜、寝ながらうなされていたこともありました。

母が亡くなった頃、私は沖縄県の石垣島に住んでいました。母の死後、クリニックのサポートなどのため毎週末実家へ戻っていたのですが、石垣に帰るとき父は本当に寂しそうで、「何時に向こうに着くんだ?」「何時なら電話していい?」と聞くのです。そして時間ジャストに電話がかかってきました。それ以外の日にも毎日電話が来るようになり、「寂しいんだろうな」と最初は優しく対応していたのですが、私が病院で宿直の日にも電話がかかってきたのにはちょっとウンザリ(笑)。でも、生存確認にもなるし、85歳でひとり暮らしをなんとかこなしているのはありがたいと思おうと、気持ちを切り替えました。

毎週末の帰省はさすがにお金が続かなくなって、4カ月で終了。現在は石垣島を引き払い、夫ともども父の家の近くに引っ越し、弟のお嫁さんといっしょに父をサポートしています。いまはもうほぼ同居状態ですが。弟は父譲りのラグビーバカで、チームドクターとして世界を駆けずり回っているため、頼りになるのはもっぱら、しっかり者の義妹です。

妻のたたき込んでくれた料理3種類を日々作る

妻は料理が上手でした。若い頃から体が丈夫ではなかったので、食べ物にはとても気をつけていたようです。妻がまだ動けていた頃は、週1回大きなスーパーに行き、1週間分の買い物をするのが常でした。ぼくは運転手兼荷物持ちです。

亡くなる前に、妻がぼくにたたき込んだ料理が3種類あります。

1つ目は炊き込みごはんです。土鍋に無洗米、もち麦、乾燥しじみ、冷凍エビ、冷凍枝豆を入れて炊くのです。土鍋は2合炊きなので、一人で食べるには少し多すぎます。4食分くらいに小分けして冷凍して、チンして食べています。

2つ目は豚しゃぶサラダ。妻が朝食にいつも作ってくれたメニューです。しゃぶしゃぶ用の豚肉をゆでておき、手でちぎったキャベツの上にのせて、ごまドレッシングをかけるのです。包丁不要なので簡単に作れるのがいいですね。

3つ目はみそ汁。これは長男・正隆の嫁の清花《さやか》さんが手作りしたみそを使うとおいしくできます。嫁のみそは塩辛くないのにこくがあり、健康的で味もいいのです。

嫁は毎年、3人の孫娘といっしょにみそを仕込み、おすそ分けしてくれます。それだけでなく、妻がキッチンに立てなくなってからは、夕食のおかずを届けてくれました。ぼくがひとり暮らしになってからは食べる量も減ったので、1週間分のおかずを小分けにして届けてくれます。老人の口にも合う食べやすい料理ばかりです。それらをおかずに、土鍋でごはんを炊き、嫁のみそに適当な具材でみそ汁を作り、食事は満足。ときに朝ごはんに自分で豚しゃぶサラダを作ることもありました。

嫁はいまも、自分たちの家で孫たちと食事をする機会もつくってくれています。正隆は不在のことが多いのに、本当によくしてくれると感謝しています。

自宅や長男宅以外では、ときにラグビー仲間との集いで食事をともにすることもあり、それは以前もいまも欠かせない楽しみです。

70代以降も自宅クリニックで診療を続ける

70歳で東芝府中の健康管理センターを辞職してからも、医師としての仕事は続けていました。

妻がぼくを院長にして「永山クリニック」を開業したのは１９８４年。当時、ぼくが勤務していた東芝中央病院の許可をもらっての開業でした。ただ、妻の生前はまかせていることが多く、クリニック（つまり自宅）にあまりいないことをよく叱られていました。前にお話ししたように、妻は別の場所に自分のクリニックを持っていたのですが、ぼくがラグビーで遠征しているときなどには、朝と夕方は永山クリニックで診療して、昼間は自分のクリニックに行っていたようです。

70代、80代もぼくは、永山クリニック院長を続けました。

とはいえ、ラグビーにも時間を使いたい。

クリニックの診療時間は「平日：朝7時から8時半まで、夕方18時から20時まで」「土曜日：10時から11時」に限定。昼間は完全予約制で、連絡をくださった方だけを診る、そんな開業方式にしました。朝と夕方には、近くに住む会社員の方が通勤の途中に寄っていきます。日中はご近所の高齢者が来て、「また来月、同じ日の同じ時間に予約ね」と約束して帰っていくのです。まさにご近所さんのためのクリニックです。長年通ってくださる患者さんもいらっしゃいました。

ラグビーのマッチドクターも続けていて、声がかかったら、ときどきあちこちの試合に立ち会っていました。

「まだ働くのか?」と言われることもありますが、人間、頭も体も使わなくなったら終わりです。ただ生きているだけだと衰えていくだけ、と自分に言い聞かせながら、働けるうちは働きたいと思っています。

長女・芳子より

母が亡くなったあと、私たち子どもは「永山クリニックも閉めようか」と提案しました。父はもう85歳でしたし、患者さんも徐々に減っていました。高齢の方が多かったので、施設に入ったり、入院したり、お亡くなりになられたり。

それでも父は、珍しく頑固に「いや、ここは続ける」と言いました。ラグビー以外ではめったに自己主張しない父なのですが、これは譲りませんでした。母が自分のために開業したクリニックを、自分が閉めるのはいやだったのかもしれません。

そんなこんなで、ときには私が石垣島からリモートで診療のサポートをしたり、帰京して診療を手伝ったりもしながら、クリニックは続いていきました。

自宅クリニックの患者さんは近所の人が主。長いつきあいの患者さんも。

医者も70年

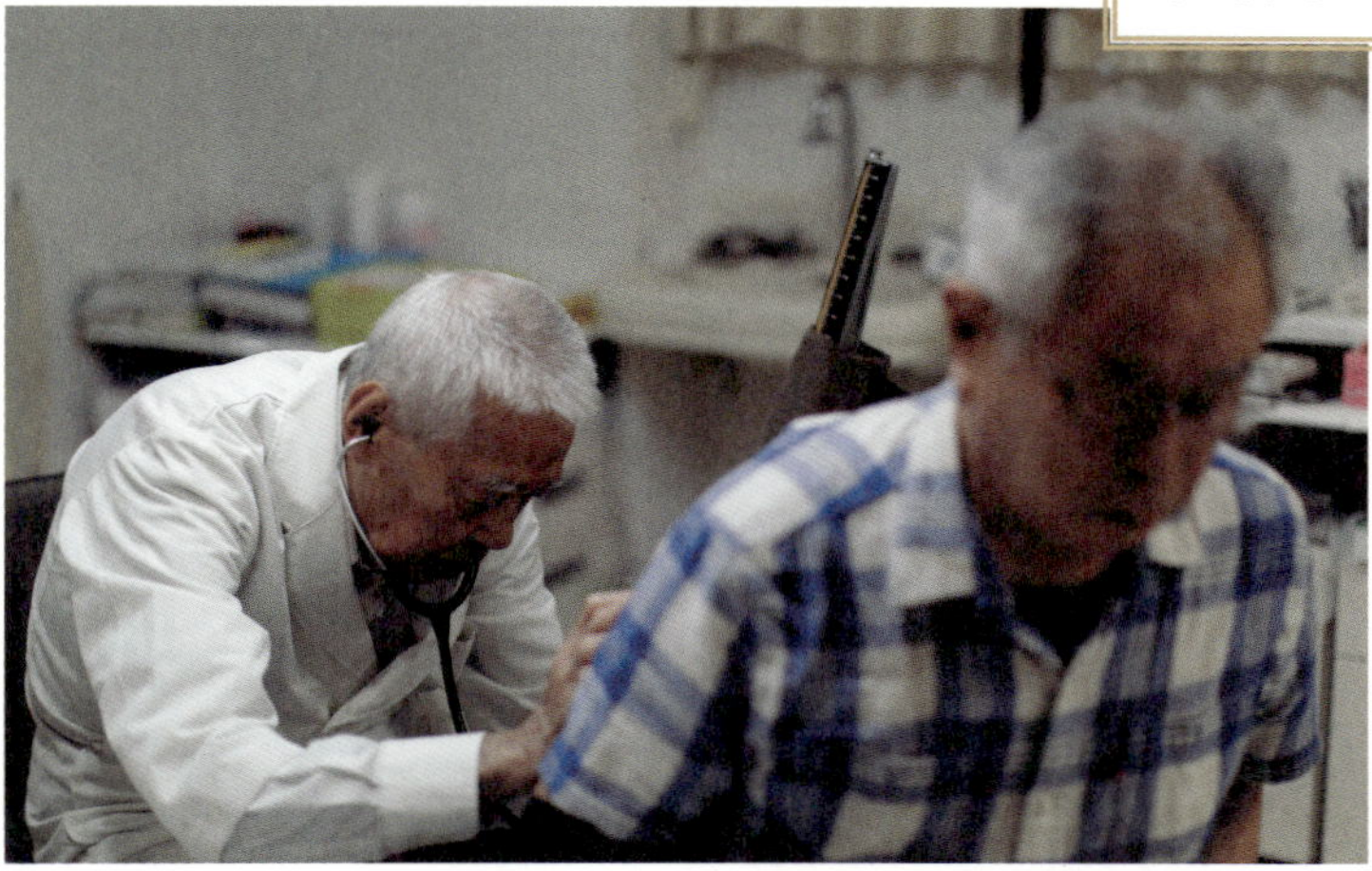

ゴールドパンツを手に

ゴールドパンツ（90 代）に昇格し、
妻の遺影に報告した。

食べることを大切に

（P.88 ～ 89）

妻にたたき込まれた炊き込みごはんを土鍋で作る。

清花さん手作りのヘルシーなみそをもらってみそ汁を作る。

おかずも清花さんが届けてくれる。これを冷凍・冷蔵して小出しに食べる。

長男の嫁・清花さんと長女・芳子のおかげで、食卓は豊か。

家でのエクササイズ
（P.101 ～ 103）

毎朝の「テレビ体操」で
一日が始まる。

ラガーマンは首が命。
ダンベルを使って鍛える。

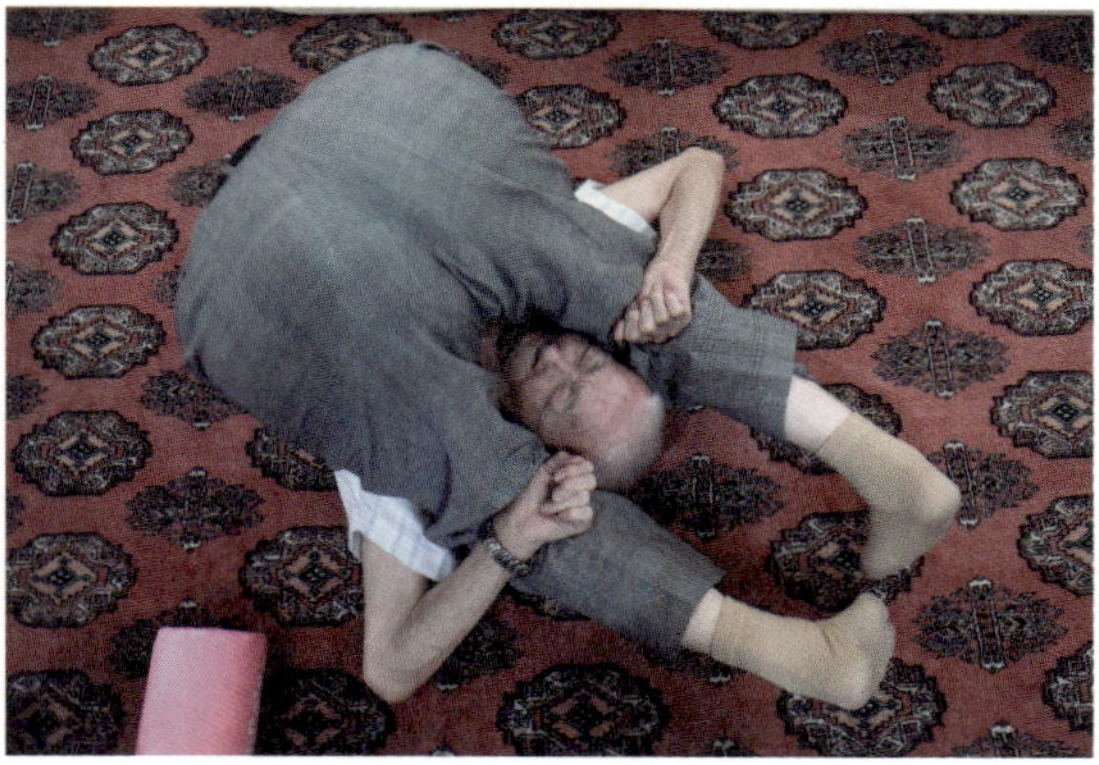

ケガを防ぐため、柔軟性も
重要。

チームメイトと食し、語らう

月に一度行われる、不惑倶楽部の懇親会で。この日は、三惑大会におけるオーバー80東西対抗戦（P.104）の祝勝会。

試合の記録動画を見て分析や反省を行いながら、よもやま話にも花が咲く。

長年親しくしている、元日本代表選手の伊藤忠幸さん（P.111）と。伊藤さんはそば打ち三段位。懇親会で手打ちそばをふるまい、そば打ち教室も開く腕前。

90代で医者のアルバイト。
妻との約束「勉強を続ける」ため医学の講習会へも

　永山クリニックは時間を絞った開業方式にしたとお話ししましたが、実はクリニックとマッチドクター以外にも、医者として出かけていく先がありました。健康診断など短期で医師を必要としている場や、知人の病院の手伝いなどで、声がかかるとアルバイトとして出向いていました。

　行き倒れになると危険だし、まわりにも迷惑だからと、子どもたちにはたびたび止められていたのですが、頼まれるとやはり断りづらく、90歳ごろまで続けていました。アルバイト先には初めて降りる駅もあり、ヤフーの乗り換え案内でルートを調べ、電車で出かけます。リュックを背負い、速足で移動すれば、またそれもラグビーのためのトレーニングになるのです。

そんなときの帰りには、スーパーでちょっとした食材や総菜を見つくろい、夕飯のときに楽しみました。スーパーでは新しい食材や新商品などがちょくちょく登場するので、いろいろ試してみるのも楽しいものです。

好んで食べたのは豆もやしです。レンジでチンしてドレッシングをかけ、ごはんにのせて食べるのが常でした。ぼくはお酒は飲まないので、晩酌というわけにはいかないのですが。

ついでにお伝えすると、お酒とたばこはやめたほうがいいですよ。ぼくは若いときから両方とも縁がなく、それが健康や長寿につながった面もあるかもしれません。不惑倶楽部にはどちらも好きな人がいるので、一概に否定できないのですが……。

ほかに、医者としてというか、医学の勉強のために各種の講習会へ出かけていました。不整脈、脳、神経，遺伝子治療など、新しい情報はどんどん出てくるので、勉強することは尽きません。妻との結婚前の約束「常に勉強をし続ける」というのを、図らずも実践できています。

忙しい中でも、もちろん第一優先はラグビー。練習も試合もできるだけ参加し、仲間との懇親会も楽しんでいます。

そういえば、2019年にラグビーワールドカップが初めて日本で開催されたとき、試合も見に行きました。日本チームの決勝トーナメント進出にも感動しました。長生きしてよかったです。

ところが、楽しむ以外にもオマケがついてきました。ワールドカップの3カ月前に、ロイター通信の記者が不惑倶楽部の練習の取材に来たのです。世界でもっとも古いシニアラグビーチームが日本にあるということを聞きつけて、高齢ラガーマンの撮影に来たと言います。8ページの写真はそのときの一枚です。

取材記者のインタビューを受けると「まだ働いているんですか?」とますます驚かれる。86歳でラグビーをして、医師として仕事もしている、そんな人間がこの世にいるとは思っていなかったのでしょう。自宅にまで取材に来られました。

ただただラグビーが好きで続けてきただけの人間です。でも、長くやってきたというだけで、このように注目してもらえたことはうれしいことでした。また、これでラグビーや不惑倶楽部に少しは恩返しができたのではないか、と思ったのです。

しかし、そのあと残念ながら世の中はコロナ禍に突入。思ったようにラグビーも楽しめない日々になりました。練習や試合もこれまで通りとはいきませんでした。

長女・芳子より

90歳ごろにもなっての医者のアルバイトは、ほんとにやめてほしかったですね。知らない場所で行き倒れになったら、どなたにご迷惑をかけてしまうかわかりません。その対策のため、区で配布している「高齢者見守りキーホルダー」をカバンにつけてもらいました。

勉強会については、永山クリニックの診療に関係なさそうな内容も多く、ムダじゃない？と聞くと，知識として知っていて悪くないと。遺伝子治療の講習を受けてきた日には、どんな話だったか電話で聞くと、ちゃんと内容を理解しており、感心しました。

高齢者見守りキーホルダー。表面に利用者の登録番号、裏面に地域包括センターの電話番号の記載がある。医療機関などに運ばれたとき医療関係者などが登録番号をセンターに問い合わせると、身元がわかる。

コロナ禍のトレーニングは家の中。階段だって足腰を鍛える場所に

新型コロナウイルス感染症の大流行は、ラグビー界にも大きな影響を与えました。試合が中止になったり、無観客になったり。

それでも不惑倶楽部はさまざまなルールを徹底して、少しでも多く練習や試合ができるよう努めてくれました。ぼくも体がなまってはいけないと、自宅でのトレーニングを続けていました。

朝は6時ごろ起き、6時25分から必ずＮＨＫの「テレビ体操」。朝食をすませたあとは、家の中でエクササイズ。柔軟体操やストレッチをしたり、ダンベルを使って首や肩の筋肉を鍛えたり。首を傷めないよう、ソファに首を押しつけるようにしてダンベルを持ち上げるスタイルです。

子どもたちには「階段が危ないから、寝室を1階に移したほうがいいんじゃないか」と言われるのですが、階段の上り下りもぼくにとってはトレーニングの一つなのです。階段を上ることで、足の筋肉を鍛えることができます。

ぼくの場合、ほとんどが自己流のトレーニングです。でも素人考えには失敗もつきものですから、注意が必要です。

数年前、足を鍛えるためのトレーニングに夢中になった時期があります。「片足を上げて地面をたたくように下ろす」というものです。筋トレに効果があるとともに、骨に刺激を与えて骨粗しょう症の予防にもなると聞き、「これはいい」とトレーニングに加えました。そこまではいいのですが、「もっと強く足を打ちつけると、もっと鍛えられるんじゃないか」と考え、駅の階段などを上るときにも、足をガンガンと力いっぱい地面に打ちつけていたのです。

若い人ならそれでもよかったのかもしれませんが、ぼくの場合はダメでした。ひざに血がたまってしまい、歩くことができなくなってしまったのです。大反省です。

長男・正隆より

父のひざが腫れあがったのは、たしか89歳の誕生日の夜だったと思います。実家に泊まっていた姉から連絡があり、（ぼくは整形外科医なので）とりあえず冷やすよう伝えました。翌朝、注射器持参で出向き、父のひざにたまった血を抜きました。昔のスポーツマンは、どうしても「体を痛めつければ痛めつけるほど、強くなれる」と思い込んでいるふしがあります。でもそれで、ひざを壊してしまったら意味がありません。年齢的にも寝たきりになってしまうかもしれない。無事にひざが元に戻ったので、ひと安心でしたが。そのときも、腫れあがったひざの父にまず聞かれたのは、「いつからラグビーができる？」でした。

父は常に「もっと向上したい」と思っているのです。以前、いっしょにラグビーの試合をテレビで見ていたら、「正隆、このプレーはこうやるのか？」とこまかく質問されました。思わず「おやじ、もしかしてまだうまくなろうと思っているの？」と聞いたら、「当たり前じゃないか！」と強く言われました。父はもう90歳近かったと思います。わが父ながら、その衰えない向上心には驚くばかりです。

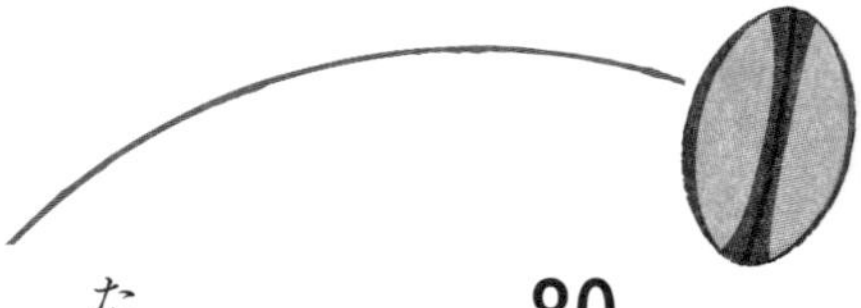

80歳以上の「東西対抗戦」は年に一度の総力戦

コロナ禍で活動が控えられた時期を除き、練習や試合にはできるだけ出ていました。なかでも大きな試合は「三惑対抗ラグビーフットボール大会」（三惑大会）でした。これは不惑倶楽部（東京）、惑惑ラグビークラブ（大阪）、迷惑ラグビー倶楽部（福岡）の３つの「惑」チーム合同の大会です。毎年、東京・大阪・福岡の持ち回りで行われ、２０２４年で70回目を数えました。さまざまなチームと数多く試合をする不惑倶楽部にとっても、この試合にかける気合いは別格といえるでしょう。

　試合はパンツの色ごとに行います。白（40代）、紺（50代）、赤（60代）、黄（70代）の年代別による三つ巴戦で、２日間で12試合。同世代どうしの激しい戦いになります。思えばぼくが不惑倶楽部に入った当初、60代や70代の選手はまだいませんでした。あの頃の先輩たちが長く続けてくれたからこそ、これだけ大規模な大会が開催できるようになったのだと思います。

ただ、残念ながら紫パンツ（80代）になると選手の数が減ってしまいます。各チーム15人そろえることがむずかしくなるのです。ふだんは黄パンツにまじって練習や試合をしていますが、体力の差は歴然です。そこで三惑大会は２０１２年から、「オーバー80東西対抗戦」という方式になりました。全国各地の80代以上のラガーマンが集まり、東西チームに分かれて試合を行う形です。紫パンツだけでなく、ゴールドパンツ（90代）も出場します。前半15分、後半15分。交代しながらもみんな必死に走ります。会場で「ひいじいちゃーん、がんばってー！」といった、孫どころかひ孫たちの声援が飛び交うのも、この試合ならではの魅力です。

この試合に来ると、全国にはこれほど、80代、90代のラガーマン仲間がいるのかと力をもらう思いがします。お互い、来年も会おうと言い合って別れます。

毎年この試合に出ることが、ぼくの目標なのです。

ついに90代のゴールドパンツ！まだまだ続けると心に誓う

不惑倶楽部では、新年最初の試合でパンツの贈呈式があります。「惑ラグビー」での年齢は数え年。年が明けると1歳年齢が上がるので、この日に50歳、60歳、70歳、80歳、90歳になった人に新しい色のパンツが贈られます。

２０２１年の新年、ぼくは紫パンツからゴールドパンツに昇格しました。「永山隆一」と名前が刺繍してある黄金のパンツを手にして誇らしく、感無量でした。同年代が減っていく中で、自分はまだまだ続けようと改めて決意しました。

ところが、残念ながら21年はコロナ禍で三惑大会は実施されませんでした。ぼくにとってゴールドパンツでの初めての三惑大会は、22年、福岡・宗像のグローバルアリーナでの試合でした。ただこのとき、オーバー80東西対抗の試合は中止に。まだコロナが終了したとは言いがたい時期、80代以上は出場を控える傾向があったようです。その代わり、75歳以上の選手の試合が行われました。不惑vs.惑惑・迷惑の連合チームの戦いです。福岡へ行くと言うと止める人もいましたが、長女が付き添いを買って出てくれました。「もう最後の機会かもしれない」との優しさと、ぼくがまわりに迷惑をかけないか心配しての責任感からのようでした。

でも、翌23年の東京での大会も無事に出場できました。会場は府中朝日フットボールパーク。ようやくオーバー80東西対抗戦が復活したのです。

会場が府中ということで、東芝の人たちも応援に来てくれていました。ぼくは東芝府中の健康管理センターにいたことから、顔や名前を知ってくれている人も多いのです。「永山先生がんばれ！」という歓声の中、ゴールドパンツで走ることができたのは、とてもいい思い出です。出場できたのは10分ほど。残念ながらボールに触れることはできませんでした。でも、グラウンドに立ってボールを奪おうと狙い続ける時間は、ぼくにとっては至福のときなのだと改めて思いました。

年寄りには「トライさせてやろう」だと？

ラグビーが好きなのは変わりませんが、ちょっと不満もあります。それは「年寄りがボールを持ったらトライさせてやろう」という空気があることです。どの試合もみんな本気で戦っているのですが、ゴールドパンツ（90代）がボールを持つと、そのままトライできるようにサーッと道を開けてくれるのです。だれも追いかけないし、止めもしない。ぼくはそれがなんだか納得いきません。

80代のときにも、そんなことがありました。

２０１９年のワールドカップ日本大会のとき、フランスのドクターたちのチームがちょうど日本に来ていました。ドクターチームにも年配の人が多かったので、「せっかくだから試合しよう」ということになりました。ぼくは87歳でしたが、戦う気は満々でした。後半残り10分、ぼくの出番がきました。

スクラムに入ったところ、ぼくの足元にボールが来ました。それをキャッチして

パスしようとすると、そこにいるはずのスクラムハーフ*がいないのです。「あれ?」

と思っていると「そのまま走れ!」という声が聞こえます。そうか、何かの事情で

スクラムハーフがいないんだ、と思ってぼくはそのまま敵陣ゴールを目指しまし

た。でも、おかしい。追いかけてくる選手がいないのです。しかも前にいる敵チー

ムの選手はなぜか転ぶ。海を割って進むモーゼのように、ぼくはトライしました。

みんなは拍手喝采です。なんだ、これは?

つまり、87歳のおいぼれにトライさせてやろう、花を持たせてあげようという思

いやりなのです。事前に彼らの中で話はついていたようです。これは優しさだとい

うことはわかっています。最高齢ですからね。でもうれしくはない。

そもそも、ぼくはフォワードです。何度も言いますが、トライなんてしなくてい

いんです。なんとか敵のボールを奪いたい。そうやってがんばってきたのになぁと、

ちょっと情けない気分になるのです。

---

*スクラムの外でボールをキャッチして、バックスに渡すポジション (P.33)。

3章　トライ〜男90代ひとり暮らし、生きることへの挑戦

仲間と食し、語らう。ラグビーの絆があればこそ

ここまでラグビーのプレーや試合についてばかり話してきましたが、ラグビーの楽しさにはまた別の理由もあります。それは、ラグビーという共通の趣味を持つ仲間と過ごす時間があることです。

試合や練習ももちろん楽しいのですが、終わったあとにみんなで「お疲れ様！」とグラスを傾け合う瞬間はたまらなくいい時間です。残念ながらぼくは酒は一滴も飲めないので、打ち上げの席でウーロン茶を飲んでいます。たいしておもしろい話もできません。それでもその場にいるだけで「仲間っていいなぁ」「ラガーマンは最高だな」などと、青春時代の続きのように思うのです。

月に一度、不惑倶楽部の懇親会が東京・神田の関東ラガー倶楽部の事務所で行われます。ぼくの1カ月の暮らしのがんばりは、この日のためにあるようなものです。不惑倶楽部のメンバーが集まり、注文した弁当や総菜などを囲みます。なかでも目玉は、メンバーの一人、伊藤忠幸《いとうただゆき》さんの手打ちそばです。

伊藤さんは、元日本代表の名ウィングです。まだ世界の壁が非常に高かった1973年に、対ウェールズ戦で2トライをあげて国内外の注目を集めました。強豪チームの猛追をスピーディーにかわして華麗にトライする姿は、いまでも「伝説の2トライ」として語り継がれています。

残念ながら伊藤さんは、ひざを壊して不惑倶楽部の活動を引退しました。それでも現在は趣味（というか、ほぼプロ）のそば打ちで不惑倶楽部に貢献してくれているのです。実をいうと、私の妻も一時期、伊藤さんにそば打ちを習っていました。それほど伊藤さんのそばはおいしいのです。ラグビーもそばも一流です。

現役の頃であれば、とても気軽に話せるような存在ではなかった雲の上の一流選手とも、こんなふうに楽しく話ができる……それもまた、年齢を重ねてラグビーを続けてきたごほうびなのかもしれません。

COLUMN

長男・正隆より

父にも選手たちについても、ラグビーを「できる理由」を探す

ラグビーのチームドクターをしていると、ケガをした選手本人は試合に出たいと言っているけれど、チームとしては体調を考えて出したくないといった状況に直面することがあります。教科書的には「ちゃんと治してから」というのが正しいのかもしれませんが、選手としての旬もあるし、次のシーズンでチームがどうなっているかもわかりません。ぼくはそのときそのときで選手の「できる理由」を探し、あまりドクターストップをかけない主義です。

父についても、年齢や体調など、一般的にはラグビーを「できない理由」といえるものはいろいろあるのかもしれません。でも、やりたいことがあるなら息子として、「できる理由」を探していきたい。

ぼくは子どものときから、何かあったとき父はぜったい助けてくれる、味方になってくれるという信頼感を持ってきました。小学生のとき、ぼくの虫垂炎の手術を父がしてくれたことがあり、その刷り込みなのかもしれませんが（笑）。何かをやれと強制されたことはなく、少し離れて見守り、サポートしてくれている安心感もありました。

いまは自分が、姉や家族とともに、父がラグビーを続けるための味方でいたいのです。そして、父が「生涯ラガーマン」でいるための後押しをしたいと思っています。

父のように、自分もぜったいの味方として３人の子どもたちに信じてもらえる父親でありたいし、選手たちに頼ってもらえるチームドクターでいたいというのも願いです。

4章

ノーサイドの日まで　グラウンドで死ぬなら本望だ

コロナ罹患をきっかけに体力が落ち、思いがけないリハビリ生活に……。
体がままならない中でも、ラグビー場に戻る気力は衰えない。

2024年。コロナ感染で急激に弱る。どうすればグラウンドに戻れるのか

本来ならばこの本は、3章までの内容で終わる予定でした。出版社さんからも「92歳でも走り続ける現役ラガーマンとして、読者の皆さんに元気の秘訣を伝えたい」と言われていましたし、ぼくも家族もそのつもりでした。

でも、それはそう簡単なことではありませんでした。

90代の体調は突然変わります。医者でも、確実な健康維持法というのはありません。昨日元気でも、今日元気とは限りません。明日どうなるかはわかりません。

この章では、ぼくの現実についてお話ししたいと思います。

2024年1月、ぼくは新型コロナウイルスに感染してしまいました。5類にな

ってずいぶん経つのに、逃げ切れませんでした。

高熱が出て咳がひどく、クリニックで自分で検査したところ、コロナ陽性。ちょうどその少し前に石垣島から東京に転居し、わが家の近くに暮らすようになっていた長女の芳子が来てくれて、入院したほうがいいと言われました。でも、入院すると隔離です。体調がよくなっても病室から出られません。トレーニングどころか、歩くこともできない。筋肉が落ちてしまう。ラグビーができなくなる。冗談じゃない。そう言って拒否しました。

長女・芳子より

正直、かなりマズイ状態でした。解熱剤を飲ませようとしてもむせて飲めない。水分をとらせようとしても咳き込む。尿も出ない。「死ぬ瞬間まで本人の好きにすればいい」と思っていた私ですが、かなり切迫した状態だとわかりました。なのに父は、朦朧としながらも入院を断固拒否。どうしようもありません。一度に水分を少しずつしかとれない状態だったので、夫に経口補水液や飲むゼリー、吸い口などを買ってきてもらい、5~15分おきに水分補給させながら、自宅でつきっきりの看護をしました。天国行きも覚悟で。ところが2日後の朝、父はテレビの前で日課の体操を再開していたのです。鉄人か。

しばらくして、ぼくはコロナからは回復したのですが、ひどい咳は続きました。液体を飲むとむせて苦しくなります。もともと間質性肺炎があるのでそれが悪化したのか、コロナの後遺症なのか、2月上旬に検査入院することになりました。

検査の結果、「大きな病気はないが、嚥下機能の障害が起きている」と言われました。つまり老化のせいで飲み込みが悪くなってきているところに、コロナを発症したため体が弱り、筋力も低下してしまった。それが嚥下困難を加速させてしまったのではないか、ということでした。

ティースプーン半分程度の水でもむせるようになり、危険なので液体をそのまま飲むのは禁止に。水やお茶はとろみをつけたり、ゼリー状にして摂取しました。食事はおかゆさえ飲み込みがむずかしく、ムース食です。あれはまずかった。

食欲はなかったけれど、筋肉を維持すべく体を動かすことは続けていたら、体重がどんどん減ってしまいました。60キロ弱だったのが49・8キロに。しかも、やせてしまったことで入れ歯が合わなくなってしまい、噛むこともうまくいきません。発音にも影響が出ました。モゴモゴ言うので、娘に何度も「え？　なんて言った？」と聞き返される始末。これじゃあ本当にヨボヨボみたいだ。

そんな中、いまのぼくの仕事は「食べること」だと娘に諭されました。以前、不惑倶楽部仲間のドクターから聞いた「カロリーを入れずに運動すると筋肉から落ちる」という話も思い出して、とも娘は言います。そうか、まずは栄養だ。カロリーをとらなくては。歯科で入れ歯を調整し、嚥下リハビリを週5回自宅で受けることにしました。ほかに体のリハビリを週2回。嚥下のリハビリは回復しているのか効果がわかりにくく、じりじりとする思いでした。自由に飲んだり食べたりできないことがつらく、とろみをつけずに水を飲んだりして、娘に叱られたことも……。

でも、体が戻らずラグビーができないのはもっといやだ。そのためなら、できることは全部やる。そう心に決めました。

花園ラグビー場での試合に出場できず、無念

不惑倶楽部の大きな試合である年に一度の「三惑大会」。２０２４年は、４月６日に大阪の花園ラグビー場で開催です。ぼくはそこに照準を合わせてリハビリを続けることにしました。1分でも2分でもいいからグラウンドに立ちたい。

芳子も花園までついてきてくれることになり、ホテルなどの手配も万端。不惑倶楽部の皆さんも応援してくれて、先に刷り上がったパンフレットにはぼくの名前も入っていました。この本の出版社さんも、「花園の芝の上に立つ、ゴールドパンツの永山先生のお写真を撮りたい」と言って、カメラマンさんを手配してくれていました。大きな目標ができました。毎日の退屈な嚥下リハビリにも耐えられます。

その頃のある日、仲間といっしょに食事する夢を見ました。夢だけれど、すごく楽しい気持ちで目が覚めました。これは予知夢だ。花園での三惑大会が終わったあ

とのアフターマッチファンクションの予知夢なのだと、そう思うことにしました。

ところが現実は厳しい。三惑大会を1週間後に控えた3月30日に38・6度の熱が出ました。病院の検査では、コロナもインフルエンザも陰性。原因はわかりません。誤嚥性肺炎を疑いましたが、大きな問題はなく自宅で経過観察となりました。

翌日には熱も下がったのですが、娘が「今回の大会行きはあきらめてほしい」と言います。大丈夫だと何度言っても聞く耳を持ちません。

ぼくはグラウンドで死んだっていいのです。しかし娘は「この状態で花園まで行ったら本当に死ぬかもしれない。お父さんはそれでよくても、仲間のみんなは暗い気持ちになるし、試合を楽しめない」「いま正隆は（日本代表）アンダー20の試合の付き添いでサモアに行っているから、戻ってくるまで死なれては困る」と言います。受け入れるしかありません。本当に言葉にならないほど無念でした。

試合当日の花園ラグビー場のモニター。選手名（年齢順）のトップに名前を残してくれていた。

胃ろうをつけるか、つけないか

リハビリは続けていましたが嚥下困難は続き、体力が戻るほどの栄養がとれません。体がふらつくこともあります。どうすればまたラグビーができるようになるのか。検討する中で、「胃ろう」の選択肢が挙がりました。

胃ろうとは、手術でおなかに小さな穴を開けてチューブを通し、栄養剤などを入れていく栄養補給方法です。口から食べることができなくなった人や、寝たきりの人などに使われます。終末期医療の一つと捉える人も多いと思いますが、胃ろうをつけても口から食べるリハビリを続けることはできるし、口から飲み込めるようになったら胃ろうのチューブを抜くことができます。胃ろうをつけて、スポーツに復帰している人もいるといいます（ぼくほどの高齢ではないでしょうが）。

ただ、自分のこととなると、正直そこまでする必要があるのかと抵抗感があり、芳子と相談する中でいったんは拒否しました。娘はぼくが体調をくずしてから、ほぼ同居をしてくれていて、クリニックの診療も引き継いでくれていました。

ただ、サモアから戻ってきた正隆が、「胃ろうで栄養をとって体力をつけたら、グラウンドに戻れるよ。食べることよりラグビーのほうが興味あるんでしょ」と言うのです。それもあり、迷いましたが、胃ろうをつける決意をしました。

6月に内視鏡手術で胃ろうを入れることが決まり、芳子の後輩医師が担当してくれることになりました。そのための準備を進めていたのに、事前の検査で内視鏡では手術ができないことがわかりました。腹部の脂肪が減ったため、支えがなくなった腸が移動して胃にかぶさってしまっていて、内視鏡では対応できないということでした。もし胃ろうをするなら、開腹手術に切り替える必要があるとのこと。

開腹手術まではする気がなかったので、胃ろうをつけることは断念しました。

しかたがありません。口から飲み込むリハビリを根気よく続けながらできるだけ栄養をとり、体力をつけていくことにしました。

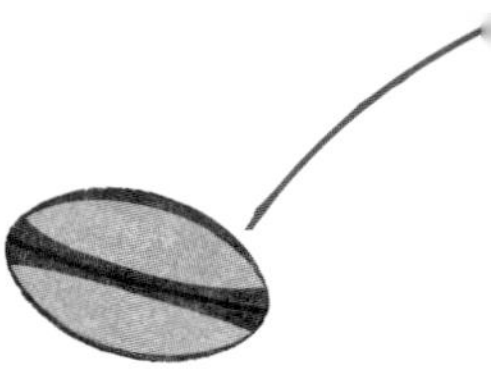

まずは「飲み込む力」をとり戻すためのリハビリ

現在のぼくは、介護保険の認定では要支援2です。ケアマネージャーさんにお願いして、医療保険、介護保険の介護予防サービス、自費負担を組み合わせて、訪問リハビリをお願いしたり、ホームヘルパーさんに来てもらっています。

週5日は嚥下リハビリです。言語聴覚士さんが自宅に来て飲み込みの訓練をしてくれます。ラグビーをするためには筋力が必要、筋力をつけるためには栄養が必要、栄養をつけるためには飲み込まなくちゃいけない。胃ろうをつけられなかったぼくには、嚥下リハビリはいちばん重要な課題なのです。

日常的なリハビリとしてやっているのが、吹き戻し笛です。子どもが縁日などで買う「ピロピロ笛」ですね。これを吹くことで、飲み込みの練習にもなるそうです。あとはガムを噛むことも咀嚼の訓練になります。さらに娘は、「話すこともリハビリになる。大きな声で話せ！」と鬼軍曹のように言います。

そうこうするうちに体のふらつきがなくなったので、屋外でのリハビリも始まりました。「ポールウォーキング」といって、杖をつきながら外を歩くリハビリです。やはり外での運動は気持ちがいいものです。あとは、不惑倶楽部仲間のドクターが営む整形外科のクリニック通いも週に1回。体の調整や電気治療をしてもらいます。ここには不惑のほかの仲間も通っていて、顔を合わせるとラグビーや仲間のことなどいろいろなおしゃべりをするのも、リハビリの励みになっています。

ポールウォーキングは普通のウォーキングの1.2倍、筋力がアップするという。理学療法士さんに付き添ってもらって。

娘が訓練用にネットで買ってくれた吹き戻し笛やガム。お祭りの屋台の景品みたいですね（笑）。

激やせから半年。食べられるものが増えてきた

食べることに関しては、娘がここ数カ月、本当にがんばってくれています。おかげでずいぶん栄養がとれるようになりました。体重も減っていません。

最初はムース食と高カロリーの栄養ゼリーでしたが、少しずつ飲み込める量が増えてきたことで、繊維の少ないものであれば、徐々に固形のものも食べられるようになりました。ムース食は誤嚥を防止する食事だというのはわかるのですが、何を食べているのかわからないし、栄養ゼリーはおいしいとは思えないのです。

先日は刺身も食べることができてうれしかったですね。娘婿の真治くんが作ってくれた特製ビーフシチューも食べられました。真治くんは腕のいい料理人なのです。おいしいものを食べると、体に栄養が行きわたる気がします。水分はまだとろみづけが必要です。一日も早く、コーラをグビグビ飲めるようになりたいものです。

長女・芳子より

正直いって、少し前まで「もうラグビー場に戻るなんて不可能だろう」と思っていました。でも父はすごい。もうすぐ練習に復帰できるかもしれません。ラグビーをするためであれば、何でもがんばれるんですね。しぶとい不死鳥のようです。

父の嚥下力に合わせた食事内容の詳細は、写真とともにあとに出てきます（P.131）。

また、私と同じように介護している人に役立ちそうな情報を一つ追加させてください。父は激やせして以降、入れ歯が合わなくなって調整しました。なのに、食べようとすると頻繁に入れ歯が外れるのです。原因がわからず歯科医に相談すると「噛んでいないからでは？」と言われました。入れ歯って、噛むことによって歯茎に吸着するのだそうです。これは知りませんでした。ムース食や栄養ゼリーでは、噛むことはほとんどありません。私だってプリンを食べるときに噛みませんから。

そこで、はんぺんや豆腐入り練り物（父が気に入ったのは紀文の「魚河岸あげ」）など、やわらかいけれどちゃんと噛む必要がある食材を出すようにしました。そうしたら入れ歯が落ちなくなったのです。

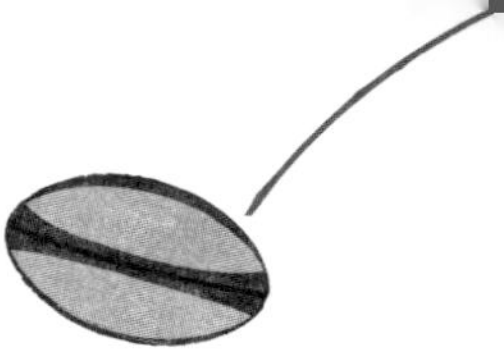

体操からはじまり、リハビリや読書やメールチェックの一日

最近のぼくの毎日を、ここで簡単にご紹介しましょう。

朝は6時ごろに起きます。顔を洗って入れ歯をつけ、6時25分から始まるＮＨＫの「テレビ体操」に合わせて体を動かします。これは妻にすすめられて始めたもので、いまも毎日欠かすことはありません。朝以外にも、体操は日に3回やります。

朝7時ごろから朝食。娘が「高栄養おかゆ」と名づけたものを作ってくれます。おかゆに菊芋の粉（食物繊維が豊富）と卵をトッピングしたものです。

日中はリハビリがほぼ毎日入っていますから、意外に忙しい。その合間には、ラグビー関連の本を読むことも多いですね。最近読んだのは、日本代表のロックとして活躍した大野《おおの》均《ひとし》さんの『ラグビー日本代表に捧ぐ』。彼は東芝に入ったときから別格だと思わせる選手でしたが、この本で日本代表が躍進した理由も理解できました。『友情　平尾誠二と山中伸弥「最後の約束」』という本にも心打たれました。テレビでラグビーのニュースを見て気になったら、新聞を買ってきて、それに関わる記事を切り抜いてとっておく場合もあります。

不惑倶楽部や知人からのメールが来ることもあるので、パソコンでメールチェックも毎日しています。ときどき、昔なじみの人に手紙を書くこともあります。

そんな一日を過ごし、夜は10時ごろに就寝します。

最近の一日

1:00	
2:00	
3:00	
4:00	
5:00	
6:00	起床　洗面
6:25	テレビ体操　水分補給（水ゼリー）
7:00	朝食
8:00	テレビ（朝ドラ）
9:00	リハビリなど
10:00	おやつ
11:00	
12:00	昼食
13:00	リハビリなど
14:00	
15:00	おやつ 読書、メールなど
16:00	
17:00	
18:00	夕食
19:00	
20:00	
21:00	入浴
22:00	就寝（テレビを見て夜更かしすることも）
23:00	
24:00	

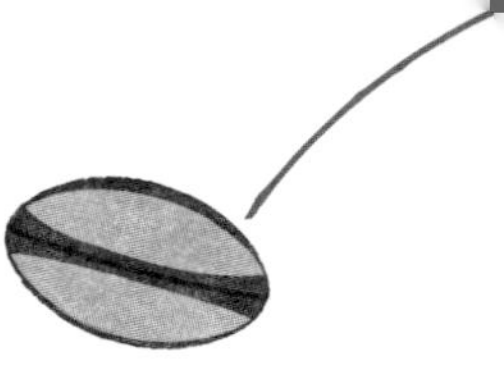

92歳。ノーサイドの笛が鳴るまで、あきらめない

２０２４年10月8日はぼくの92歳の誕生日でした。

娘夫婦や息子家族が集まってくれて、みんなでケーキをいただきました。クリームたっぷりのやわらかいケーキだったので、ぼくも食べることができました。

嚥下リハビリは進んでいて、体力も戻ってきています。


この夏、永山クリニックをだいたい娘の芳子に引き継ぎました。ぼくの代わりに患者さんを診てくれています。長年のつきあいの患者さんが来たときには、「おやじ〜、○○さんだよ」と呼びに来るので、顔を出してあいさつします。

そんなこんなで、ようやく医者はほぼ引退です。医者に未練はないけれど、ラグビーはしたいです。やっぱりぼくにはラグビーしかないですから。

不惑倶楽部の今年の三惑大会には出場できませんでしたが、25年春の大会にはぜったい出場したいと思います。次の大会は福岡です。仲間とともにグラウンドに立ち、なんとかしてボールにからみたい。子どもたちからは、「もしかしたら出場できるかもしれないよ！」と言われていますが、「もしかしたら」「かもしれない」は余計です。出場するのです。

ぼくは小学生のとき「ラグビーをする」と心に決めました。戦争や疎開で実現までに時間がかかりましたが、その間も、一度もラグビーをあきらめたことはありませんでした。これからもあきらめませんし、ラガーマンとして一生過ごしたいと思っています。もしぼくの人生にラグビーがなければ、どんなにつまらない日々だったんだろうと思うこともあります。

「永山さんはしつこいプレーをする」と言われたことがありますが、そう、ぼくはしつこいのです。必ずグラウンドに戻ります。前に進み続けます。

ノーサイドの笛が鳴る、そのときまで。

92歳になりました

クリームたっぷりケーキなら
食べられるぐらいに嚥下リハ
ビリが進んできた。

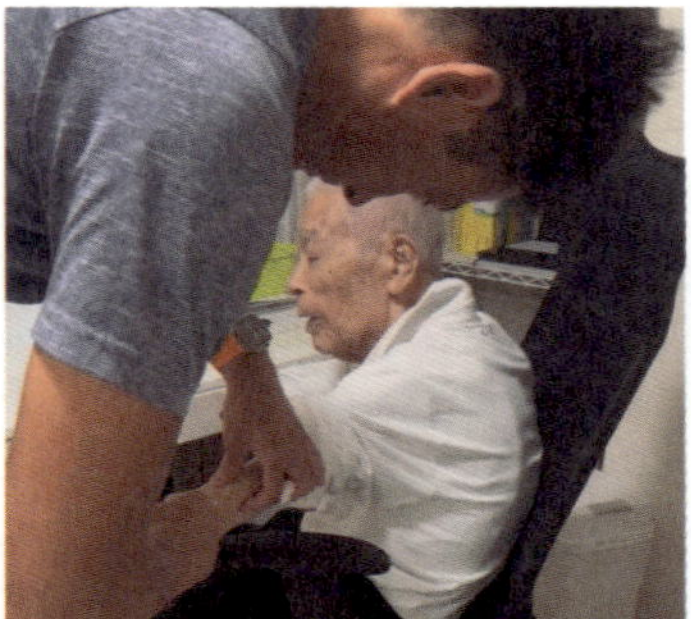

長男・正隆からのプレゼントは
インフルエンザワクチンとコロ
ナワクチンの同時接種。

この本の撮影後、長女・芳子と。

嚥下力に合わせた飲食物（ある日の食事例）

介護食の肉じゃがと高カロリーおかゆ。温泉卵は毎食。とろみをつけた豆腐のみそ汁。好物のさつま揚げはまだ無理なので、似た感じの豆腐入り練り物。

ビーフカレーは「あい～と」（イーエヌ大塚製薬）という、噛む力が弱い人向けのシリーズのもの。嚥下リハビリの言語聴覚士さんのおすすめ。最近は娘婿の真治くん（料理人）の作るビーフシチューも食べられるように。

プレーンヨーグルトに「オルニュート」（キリン）を入れたものをデザートに。亜鉛とオルニチン入りで、甘みがあっておいしい。

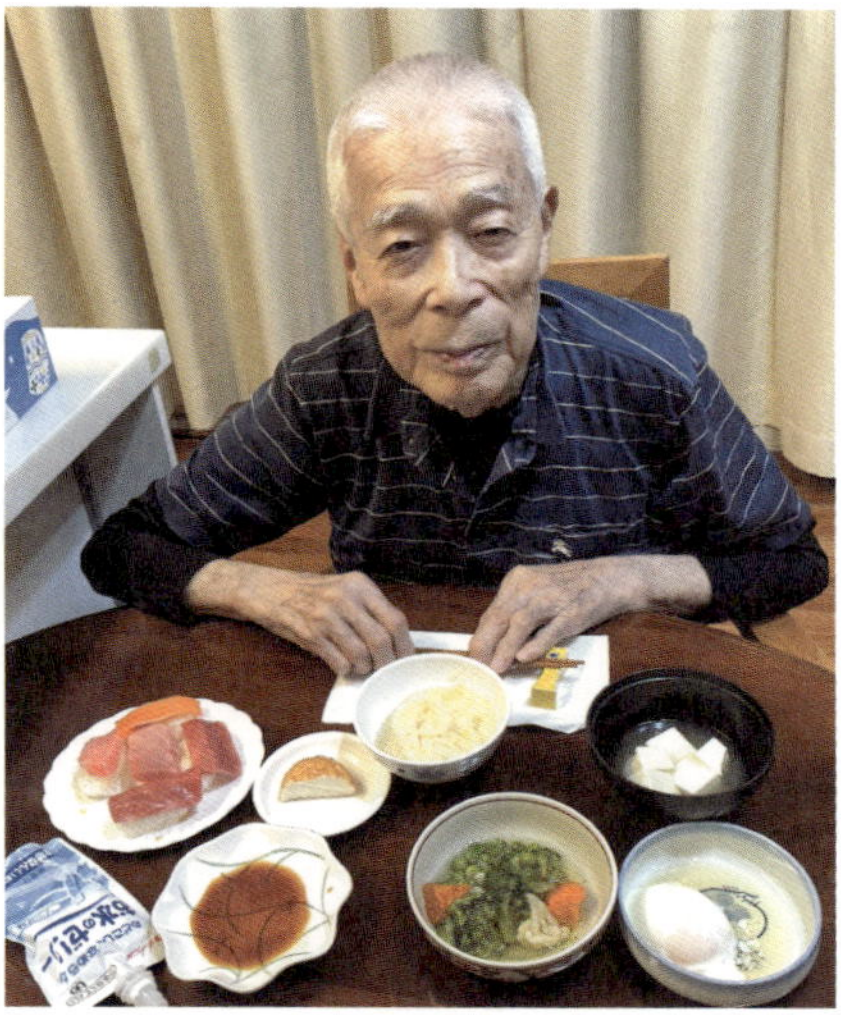

嚥下リハビリが進み、筋の少ない刺身は食べられるように。ひと口大のおにぎり状ごはん（ばらけないもの）にのせて。

水分補給は主に「お水のゼリー」（ハウスギャバン）で。のどにゆっくり伝わるので、むせにくい。

COLUMN

長女・芳子より

あとはもう好きに生きればいい。骨は拾ってやるから

父は92歳の誕生日を無事に迎えることができました。何が何でもやりたいことがある、ってすごいことです。

高齢でも、体が不自由でも、人は好きなことをする権利があると私は思います。人生は最後の瞬間まで本人のものです。父は「ラグビー場で死ねるなら本望」とまで言いますし、私も弟もその強い思いは理解できます。ただ、試合に出て本当に死んでしまったら、皆さまが準備してきたことや大切な試合を台無しにしてしまいます。それはあまりにも申し訳ない。父を止めざるをえません。

なのに父は、「自分は大丈夫」とかたくなに信じているのです。だから、止める私は悪者扱い。「娘に邪魔されて試合に出られなくなった」とまで言います。高齢になると、自分がイメージする自分の姿と実際の姿に、ここまで乖離があるものなのかと驚きます。それでも、それを現実にしようとしつこく努力する父を見ていると、ときにイラッとしながらも、感動を覚えるのです。

人生の引きぎわを見極めて、キレイに、人様に迷惑をかけずにひっそり余生を過ごすこともできるでしょう。でも父はそれをしません。ラグビーにしがみつき、みっともない姿をさらしてでも、またグラウンドに立ちたいと言うのです。そんなにしたいことがあるというのは、うらやましいほどです。

おやじ、もうちょっとがまんして体力をつけよう。グラウンドに戻るため、ラガーマンでい続けるため、支えるから。

あとはもう好きに生きればいい。骨は拾ってやる。

5章

スクラム　ともにたたかう80代の仲間たち

不惑倶楽部には、80代になってもすばらしい現役ラガーマンが多くいる。
5人の仲間に、ラグビー人生、健康法、いまの思いなどを語ってもらった。

父・ぼく・息子、３代でラガーマン。
「５年鍛えれば５年もつ」を意識し、
毎日のトレーニングに励む日々
RUGBY PLAYER 01

スクラムハーフのおもしろさは試合を組み立てられること。常に頭を働かせてパスを放つ。

小嶋《こじま》 泰《やすし》さん（80歳）

DATA

1944年（昭和19年）生まれ
家族：妻（77歳）とふたり暮らし。子ども3人、孫4人
ラグビーを始めたのは：高校1年生
ポジション：スクラムハーフ

右：赤パンツ（60代）、黄パンツ（70代）との試合も。左：不惑倶楽部に入会したての40歳の頃。4年ほど参加後、海外へ。帰国後に60代から再入会。

右から、父・ぼく・息子。父は77歳の頃。同じスクラムハーフだった。息子も不惑倶楽部で紺パンツ（50代）。

84歳で亡くなる直前までラグビーを続けた父があこがれ

　父とぼくと息子、全員が不惑倶楽部のメンバーです。父は84歳で亡くなったのですが、明治大学時代はラグビー部と箱根駅伝の両方で活躍するスポーツマンだったそうです。就職とともにラグビーから離れたとのことですが、定年後に65歳で不惑倶楽部に入り、亡くなる直前までラグビーを続けていました。

　ぼくも父の影響で、高校時代にラグビーを始めました。日本大学に進学したとき、「ラグビー部に入るかどうか迷っている」と父に相談すると「大学ラグビーは体がきつい」と止められ、いったんラグビーと距離をおきました。それでもやはりラグビーが好きで、28歳のときに地元である埼玉県狭山市のラグビークラブに入会しました。それだけでは飽き足らず、勤めていた会社（ヤクルト本社）にラグビー同好会を設立したのです。ぼくは監督兼プレーヤー。自分でプレーするだけでなく、高校や大学に足を運んで学生の勧誘までしました。

現在、ヤクルトのチームは「ヤクルトレビンズ戸田」となり、２０２４年にリーグワンに昇格しました。まだディビジョン3*ですが、今後が楽しみです。

香港でラグビーのおもしろさを再認識。指導者は大切！

ヤクルトでは、本社の中央研究所に入社後、新製品の技術開発部門に異動して「ジョア」を担当。責任者として「ミルミルE」と「ソフール」に携わったのも思い出深いです。42歳のときに退社し、食品貿易の仕事をスタート。45歳のとき単身で香港に渡り、仕事を変えながら17年間、香港とマレーシアで仕事を続けました。

仕事は大変でしたが、ぼくがラグビーの真のおもしろさに目覚めたのは、香港にいたこの時期でした。香港は長くイギリスの植民地だったため、ラグビーが盛んです。ぼくは仕事のストレスをラグビーで解消しようと、現地のチームに参加しました。

＊リーグワンの中ではもっとも規模の小さいリーグ。

そこで驚いたのは、日本とは指導法がまったく違うことです。日本では常にグラウンドに指導者の怒声が響きます。「何やってるんだ！　バカヤロー！」って。叱られ続け、ほめられることはめったにない。それが当然だと思っていました。でも香港は真逆でした。よくないプレーには何も言わず、いいプレーをほめる。注意する場合も「きみにはこんないい面がある。だからここを直せばもっとよくなる」と指導するのです。どこを伸ばせばいいかわかり、自分で考える選手にもなります。これは香港に限らず、海外のチームの標準的な指導法なのだと知りました。80代のいまでも、ほめられるとうれしいし、やる気が出る。ほめることは大切です。現在、日本ラグビーには外国人の指導者が増えていますね。日本代表が強くなった理由は、世界標準の指導法をとり入れたからだと思います。

改めてラグビーが好きになり、東南アジア駐在の日本人ラガーマンの交流の場として「アジアン・ジャパニーズ・ラグビー・カップ」の創設を、知人の故・大西康之（シンガポール）、大國能彦（タイ）とぼく（香港）で協議し、1997年に第1回大会の開催にこぎつけました。現在は12カ国となって続いていて、今年は第24回となります。

ときには、香港に遠征に来た日本代表（15人制、7人制、アンダー20など）の通訳兼世話役（リエゾンオフィサー）としても働かせてもらいました。

小嶋さんの**トレーニング**の例

●坂道スキップ

なだらかな坂で行う。太ももをしっかり上げ、地面の反発を意識する。

●階段両足ジャンプ

腕を振り上げながら１段ずつジャンプし、両足で同時着地。20段行う。

●ランジウォーク

前足のひざが足先に出ないこと、後ろ足のひざが90度になることを意識。

香港時代

1995年から７年間、香港セブンスに参戦した日本代表のリエゾンオフィサーとして活動。ラグビー好きの娘がいっしょに活動したことも。

1996年、香港フットボールクラブの一員として、ニュージーランドに遠征。

香港でコーチの資格を取り、日本人駐在員の子どもたちのラグビー教室も開催（後ろの左側がぼく）。

ぼくが香港にいる時期に、父がすい臓がんで亡くなりました。がんが見つかってからは、あっという間でした。葬儀には不惑倶楽部の仲間がたくさん集まり、知らなかった父の姿も聞かせてくれました。

がん家系なのか、ぼくも62歳で帰国して、翌年受けた健康診断で胃がんが発覚。幸いなことにまだ1センチ。内視鏡手術で切除できました。以来、毎年検査しているのですが、3年前にまたがんが見つかって切除しました。最初の手術から14年経っても再発するのですから、油断はできません。

父や不惑の先輩をお手本に、年齢に関係なく一生懸命やらなくちゃな、と思います。ポジションはスクラムハーフ。何歳になっても「いいパスだった!」と言ってもらえるプレーがしたいです。

小嶋さんの**元気の源**

DIYで暮らしを楽しむ
自宅の庭のウッドデッキを補修。自分でとりつけた屋根が完成!

ゴルフ場アルバイト
週1〜2回キャディーとして勤務。18年目になり、いまや最年長。働くことで生活のメリハリもつく。

たっぷり野菜の和朝食
野菜たっぷりのおかず。パンと牛乳だった朝食から和食+豆乳に変えたら、おなかの調子が改善した。

最近はかなり健康オタク。1日1万歩とトレーニングが習慣に

実をいうと、70代後半になって衰えを自覚しました。疲れやすくなり、試合でも走り負けることが増えて。くやしかったので、真剣にトレーニングすることにしました。「5年鍛えると5年もつ」というのは実感します。

日課は1万歩のウォーキング。ぼくの住む埼玉県狭山市では「ALKOO」というアプリを使って歩くと歩数に応じてポイントがたまり、それに応じて抽選でプレゼントがもらえます。妻は2回、ぼくは3回、クオカードや野菜などをもらうことができました(笑)。ウォーキングの途中でラグビーに役立ちそうなトレーニングもします。

健康づくりには食事も意識していて、植物性タンパク質、カルシウム、ビタミン、食物繊維を食品からとるようにしています。ぼくの希望を聞いて、三食作ってくれる妻には感謝です。その代わり、でもないのですが、妻の股関節痛に効くストレッチを教えたりしています。YouTubeでトレーニングを研究し、長男に教えることもあります。

長男の崇も学生時代からラグビーを始め、ニュージーランドの大学を卒業後、東芝府中ラグビー部でプレーしていたときがあります。その時期ちょうど、チームドクターで健康

管理センターにいた永山先生にお世話になったそうです。ケガを診てもらい、疲れたときには診療所のベッドで寝させてくれたり、ビタミン剤をいただいたりもしていたのだとか。崇は「永山先生のラグビーにかける情熱を見習いたい」と言います。ぼくも同じように思います。ラグビーが好き、そしてラグビー仲間が大好き、永山先生からはそんな気持ちが伝わってきます。先生をお手本に90代でもラグビーを続けていけるよう、これからも励みます。

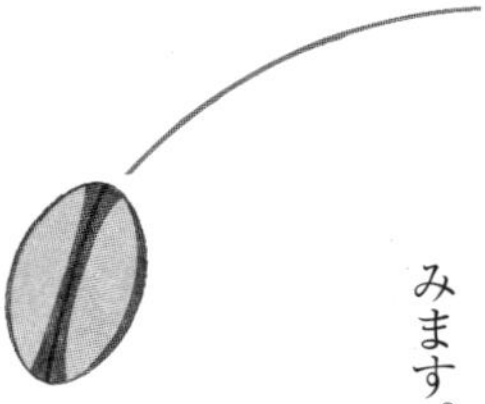

小嶋さんの一日

1:00		
2:00		
3:00		
4:00		
5:00	起床　ストレッチ（15～30分）	
6:00	朝食	玄米と白米半々のおかゆのときも
7:00		
8:00	パソコン、読書など	
9:00	※週1～2回ゴルフ場でアルバイト	
10:00	ストレッチ、筋トレ	
11:00		
12:00	昼食	
13:00	テレビ	
14:00	昼寝	日によって1～2時間
15:00	ウォーキング＆サーキットトレーニング	春～夏は17時ごろから（涼しくなってから）
16:00		
17:00		
18:00	夕食	孫とLINEしたりも
19:00	テレビ、読書	
20:00	入浴　ストレッチ（15～30分）	
21:00	就寝	
22:00		
23:00		
24:00		

RUGBY PLAYER 02

ラグビー、バンド、ボランティア…活躍できる場で自分を生かし、人生をまだまだ楽しんでいきたい

上林《かんばやし》 實《みのる》さん（81歳）

DATA

1943年（昭和18年）生まれ
家族：妻（61歳）、子ども2人、孫1人
ラグビーを始めたのは：高校2年生
ポジション：センター

「タマスターズ」の試合。不惑倶楽部とチーム掛け持ち。

攻守の要であり、力強いタックルが求められるセンター。

40代で慶應ラグビー部のOB戦に出たとき。

2024年三惑大会のオーバー80東西対抗戦に出場の際。

慶應大学ラグビー部ではほとんど試合に出られなかった

ぼくは兵庫県西宮市に生まれ、神戸大学附属小・中学校に通いました。高校受験で上京し、慶應義塾志木高等学校に入学、単身で下宿生活を始めました。そこでラグビーを始め、中学時代のサッカーのキックの経験が生き、すぐに試合に出場することができました。慶應義塾大学に進学してからは体育会蹴球部（ラグビー部）に入部。しかし、慶應ラグビー部はレベルが高く、試合に出る機会には恵まれませんでした。新卒で就職した英国系商社にはラグビー部があり、入部しました。創設間もないチームだったので、大学での経験があるぼくは中心選手として活躍することができました。

その後、転職したため何年かラグビーを中断していましたが、33歳のときに友人と「四ツ谷ライオンズ」というチームを創設。所属チームのないラグビー好きが集まり、主に東京・四ツ谷にある上智大学のグラウンドをほかのチームと共同で借り、練習や試合をしていました。38歳になったとき慶應時代の同級生に誘われ、不惑倶楽部に入会しました。

不惑倶楽部に入ってうれしかったのは、元日本代表選手のキャプテンを務められた伊藤忠幸さんや、同じく日本代表キャプテンでいらした慶應大学先輩の平島正登《ひらしままさと》さんたちといっしょにプレーできたことです。伊藤さんは、１９７３年に対ウェールズ戦で「伝説のトライ」をとった名選手です（P.111）。そのプレーに感動したぼくが、バックスでご本人と組んでプレーできる日が来るとは思いませんでした。伊藤さんはそば打ちも三段で、ぼくの師匠です。ラグビーではまったくほめてくれなかったのですが、そば打ちは「うまくなった」とほめてもらえることもありました。

40代でのめり込んだアイスホッケー。50代からは音楽にも夢中

40代半ばからはアイスホッケーを始め、ラグビーからは離れていました。慶應医学部O

Bチーム「ドクターズ」に入れてもらい、60歳まで続けました。ホッケーは学生時代からの経験者とレベルが違いましたが、ラグビーのタックルの経験を生かしたコンタクトプレーのボディチェック*に生きがいを見出していました。

その後、アイスホッケーのルールでシニアはボディチェックが禁止となったのでホッケーをやめ、再び不惑倶楽部に戻りました。赤パンツ（60代）からの再開です。中断していた間にボールが革製から合成ゴムに変わり、その感触の違いに戸惑いました。でも、やっぱりラグビーはおもしろい。体がぶつかり合うようなコンタクトプレーが好きなんですよね。70代の頃には黄パンのキャプテンに選んでいただき、チームのマネージメントに悩むような経験もしました。

2～3年前からは「タマスターズ」という別のラグビーチームにも所属しています。不惑倶楽部ほど歴史はありませんが、試合が近所のグラウンドで参加しやすいのです。不惑はレベルの高さが魅力ですが、地方遠征もメンバーも多いので、出場機会がどうしても少なくなります。ぼくはまだ試合に出たいので、両方のチームを掛け持ちしてラグビーを楽しんでいます。

目下の問題はひざの故障。40代のときにタックルを受けてひざを痛めました。ひざに悪

＊アイスホッケーで防御者が自分の体を攻撃者の体に押しつけ、肩・胸・背中・ひじなどを使って攻撃を防ぐこと。

いアイスホッケーをしていたツケもあり、よくなったり悪くなったりの繰り返し。75歳ごろには歩行も困難な状態になりました。

いまは整形外科に通い、風呂でストレッチするなど、ひざのケアを続け、負荷のかかるトレーニングは控えめにしています。医師には「ひざの負担を減らすために体重5キロ減」と言われ、月1回断食をとり入れたりもして減量にとり組み中。紫パンツ（80代）では、体重を利したコンタクトよりは、体重を落としても走れることが重要です。

ちなみに、通っている整形外科は永山先生といっしょ。リハビリ仲間です。でもぼくは最近耳が遠いし、永山先生は声が小さい。会話はときどきスムーズに通じないこともあります（笑）。

上林さんのトレーニングの例

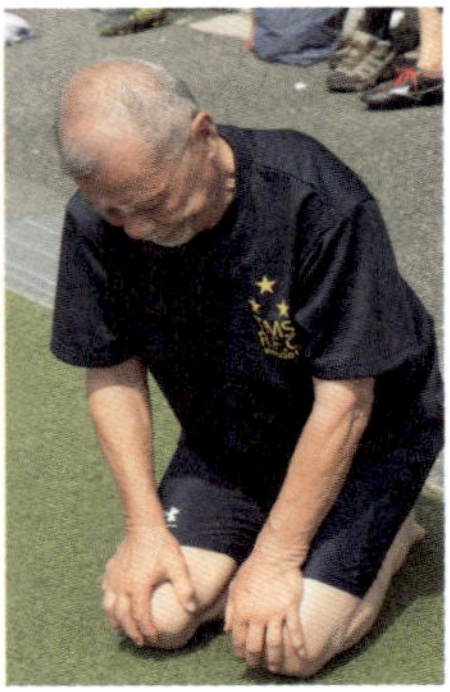

ひざのストレッチ
試合のあとや風呂につかってストレッチ。最近は正座もできるようになった。

散歩もトレーニング
愛犬の体重は30キロ超。トレーニングをいっしょに楽しんでくれているよう。

上林さんの元気の源

●孫

試合のとき大きな声で応援してくれる！

●音楽

50代から始めたカントリー＆ロックのバンドでボーカルとベースを担当。ライブハウスでも演奏。日々の練習も欠かさない。

●料理

肉まんを作っているところ。孫に大ウケだった。

●そば打ち

そば打ちの師匠・伊藤忠幸さん（手前）と。

●バラ栽培

動物も植物も好きで、10年ほど前からバラを育てている。犬、鳥やカエルなども家族に迎えた。

ライブハウスに出演中。人生をとことん楽しむ

ラグビーと同じくらい熱心にやっているのが音楽です。50歳を過ぎてから本格的にカントリー&ロックを始め、オーストラリアでの音楽フェスティバルで優勝したことも。60歳になった頃には、ＣＯＵＮＴＲＹＮＵＴＳ（カントリーナッツ）というバンドを組み、いまも定期的にライブハウスで演奏しています。ぼくはボーカルとベースを担当。バンドメンバーは、ぼく以外プロフェッショナルです。

家族みんなラグビーが好きで、試合を応援に来てくれることも多いです。孫娘が「ラグビー大好き！」と言ってくれるのはうれしいですね。

家事は基本的にぼくの担当で、料理するのは好きです。自分の作った料理を家族が「おいしい！」とほめてくれると、やる気がアップします。

ここ数年は、自閉症の人をサポートする施設でボランティアをしています。以前は障害のある人は全然異なる性質を持っているのかと思っていたのですが、いっしょに過ごすうちに、同様の特性はだれもが持っていて、それが濃いか薄いかだけの違いなのだと知りました。年齢を重ね、人間のさまざまな姿が見えるようになったと感じています。

人生振り返ると、山あり谷あり。そんな中でも好きなことを見つけ、81歳でも熱中し続けられることがあるのは幸せです。最近、親しい仲間の訃報がぽつぽつと届くようになりました。いつか、ラグビーへの思いや仲間たちへ追悼の思いを歌にできたらいいな、なんて思っています。体が動くうちは、歌もラグビーも続けるつもりです。

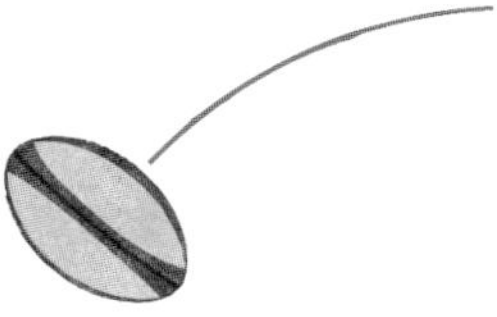

上林さんの一日

- 1:00
- 2:00
- 3:00 ベッドに腰かけて30回足を振り上げ、ひざからの骨液で関節内をうるおしてから起きる
- 4:00
- 5:00
- 6:00
- 7:00 起床 朝食
- 8:00 犬と散歩
- 9:00 障害者施設でのボランティア（週3回ほど）
- 10:00
- 11:00
- 12:00
- 13:00
- 14:00 音楽練習
- 15:00 トレーニング
- 16:00 リハビリ（整形外科で週2〜3回）
- 17:00 夕食の準備、家事
- 18:00 犬と散歩
- 19:00
- 20:00 夕食
- 21:00
- 22:00
- 23:00 就寝（ベッドに入ってからYouTubeをよく見る）
- 24:00

RUGBY PLAYER 03

80代チームでは若手。託されたボールを生かすためゴール目指して走り続ける

大串《おおくし》 康夫《やすお》 さん（81歳）

DATA

1943年（昭和18年）生まれ
家族：妻（76歳）とふたり暮らし。子ども1人、孫3人
ラグビーを始めたのは：22歳（空自幹部候補生学校時代）
ポジション：バックス全般（スクラムハーフ以外）

毎朝日の出を拝み、近所の神社で日々を感謝。

70代のとき「10校ラグビーフェスティバル」の試合で。

バックス内でさまざまなポジションを担当。

戦闘機パイロット
休日はラグビーに燃える

父は30歳のとき沖縄で戦死しました。私がまだ母のおなかの中にいるときに出征したので、父の顔は知りません。戦後の混乱期に母は東京の荻窪で洋裁店を始めましたが、無理がたたり、結核で亡くなりました。小学1年生で両親を亡くし、私は福岡の祖父母のもとへ身を寄せ、伯父の家で育ててもらいました。

中学3年生のとき、母の実家のある荻窪へ戻り、大泉高校から防衛大学校へ進学。ラグビーならぬ、スカイダイビングの部活に熱中しました。当初は部がなかったので、大学に申請して創設。いうならば私は、「防衛大学校パラシュート部の父」なのです。いまも昔も、空や雄大な自然に惹かれます。

防大を卒業して幹部候補生学校に入ると、陸・海・空3つの幹部候補生学校のラグビー対抗戦がありました。その特別チームが編成され、メンバー入りしました。ほかの大学ラグビー部との試合では、最初はぜんぜん歯が立ちません。夏合宿では死に物狂いで練習し、最後は強豪の同志社大学ラグビー部と対等に渡り合いました。そのあたりからラグビーのおもしろさにはまっていきました。ラグビーは日本では「闘球」とも呼ばれますが、真に自衛隊にふさわしいスポーツだと思いました。

幹部候補生学校を卒業後、戦闘機パイロットへの道を歩みました。搭乗機種がF-86FからF-1、F-15へと進む間に配属基地が変わります。最初は福岡県の築城《ついき》基地、宮城県の松島基地、そして青森県の三沢基地。それぞれの基地でラグビー部に入りました。「ラグビーはパイロットには危険なのでやってはダメ」との空気がある中で、私は理解ある上司に恵まれて、行く先々の基地でラグビー部の仲間たちと練習や試合を楽しむことができました。といっても若い選手が多いので、40歳以上になると出場機会は減っていきます。そんな折にシニアラグビーと出会いました。

福岡にいた48歳のとき、「三惑」の一つである福岡の迷惑ラグビー倶楽部を紹介され、見学して驚きました。「すごいおじいさんがラグビーやっている！」と。いまとなっては、その人よりも自分のほうがはるかにおじいさんなのですが（笑）。

私はさっそく「迷惑」に入会し、東京転勤後に「不惑」に入りました。

仲間から託されたボールをゴールへ。1人のトライは15人の力

ラグビーは「One for all, All for one」「一人はみんなのために、みんなは一人のために」がモットーです。相手の突進を次々にタックルで阻止し、獲得したボールを死守してつなぎながら「このボールをなんとしてでも生かしてくれ！」というみんなの思いを担った最後の1人がトライをとる。そのトライを15人全員が喜ぶ。その瞬間がたまらないのです。

「惑ラグビー」の場合、年代ごとにパンツの色が変わり、それごとのチームになっています。私はいま81歳なので、80代の紫パンツの中では若手。ですが、80代は人数がそろわないことも多く、さらに若い70代の黄色パンツにまざってゲームを楽しんでいます。

ラグビーの魅力はもう一つあります。友だちの輪が広がること。「ラグビーをしている」と言うだけで、初対面でも親近感がわきます。自衛隊や「迷惑」などのかつてのチームメ

大串さんの**トレーニング**の例

●ジョギング、ショートダッシュ

公園のゆるやかな坂をショートダッシュ。足腰を鍛えるために欠かせない運動。

●公園の器具で

公園のアスレチックコーナーを利用して、筋トレやストレッチ。

搭乗していた戦闘機。加速で頭の血が下がるので、Gスーツで締めつけ腹部で血を止める。過酷な業務を日々こなしていた。

三沢基地所属の際、F-1に搭乗して競技会で優勝したとき。

自衛隊時代に

59歳のラストフライトのあと水をかけられるのは、恒例の定年セレモニー。

イトも、何十年経ったって仲間です。仲間の仲間も、仲間です。敵チームの仇も仲間です。

永山先生のようなゴールドパンツ（90代）の人たちと話すのも励みになります。永山先生はふだんは物静かなのに、グラウンドに出ると目つきが変わってかっこいいです。「自分もゴールドパンツをはくぞ！」という気になります。

以前、京都に住むゴールドパンツの先輩に「どうしてそんなにお元気なんですか？」と聞くと、「毎朝30メートルダッシュを5本やっている」と言われました。なるほど、と思って、それからは私もショートダッシュをとり入れています。

死ぬまで元気！がモットー
好奇心を絶やさない

50代からはマラソンを始めました。きっかけは、

> ### 大串さんの元気の源
>
>
>
> **畑仕事**
> ご近所の農家の手伝いをしつつ、自分の畑も耕す。育てているのは、キュウリ、トマト、ナス、大根、ネギなど多種。
>
>
>
> **マラソン**
> 52歳からフルマラソンに挑戦し、20回ほど完走。80歳の昨年はハーフマラソンに参加。写真は河口湖マラソン。

沖縄戦から50年を経た年の那覇マラソンです。戦死した父の苦難を偲んで走ったのですが、マラソンの楽しさに目覚めました。その後もフルマラソンを20回くらい走り、昨年もハーフマラソンに参加しました。マラソン以外では月に2〜3回ゴルフコースを回ります。

北の勤務が多かったのでスキーも好きです。毎年行きますが最近は筋力が弱くなって、転んだときに起き上がるのがひと苦労！　年寄りのスキーは、引っぱり起こしてくれる同行者が不可欠です。ジムにも週5日は通っています。

運動以外では、日本の安全保障問題についての研究会グループに所属しています。私自身も、安全保障や防衛、憲法などについて講演をすることもあります。

農業にも挑戦中です。人手の足りない農家さんの手伝いをする「援農ボランティア」養成講座を受講し、資格を取って農家のお手伝いを始めました。近所の農場で、小学生の農業体験のボランティアもしています。子どもたちが種をまき、芽が出て、育ったら収穫に来る。「ぼくらが植えた野菜だ！」って喜ぶ姿は元気いっぱいでかわいいですね。でも、水やりや草取りをして育てたのはじいちゃんたちだぞ、って心の中でこっそりつぶやいています（笑）。その農家さんから5メートル四方程度の土地を借りて自宅用の野菜を作ったり、ベランダ菜園もしています。妻は畑に興味はないのですが、野菜は喜んで料理してくれます。新鮮な野菜と肉をしっかり食べる、これも私の健康法ですね。

健康といえば、10年ほど前に膀胱がんになりました。手術で切除し、いまはもう大丈夫です。糖尿病を持っているのですが、以前永山先生に相談したところ「食事のあとに筋トレするといいよ」というアドバイスをいただきました。それ以降、なるべく実践するようにしています。

私のモットーは「死ぬまで元気！」です。ゴールドパンツになっても、ボールを持って走り続けたいですね。

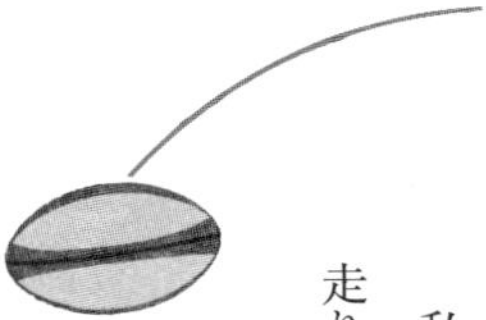

大串さんの一日

1：00	
2：00	
3：00	
4：00	
5：00	起床（夏は5時 冬は6時半に 日の出参拝）
6：00	ウォーキング、ジョギング
7：00	朝食（よく噛むのも大切）
8：00	
9：00	畑仕事（ゴルフに 行く日も）
10：00	
11：00	
12：00	昼食
13：00	
14：00	
15：00	ジムで筋トレやゴルフレンジ ※各種研究会や講演会などの日も
16：00	
17：00	
18：00	夕食（仲間との 懇親会のときも）
19：00	
20：00	
21：00	就寝（早寝早起きは 健康の基本）
22：00	
23：00	
24：00	

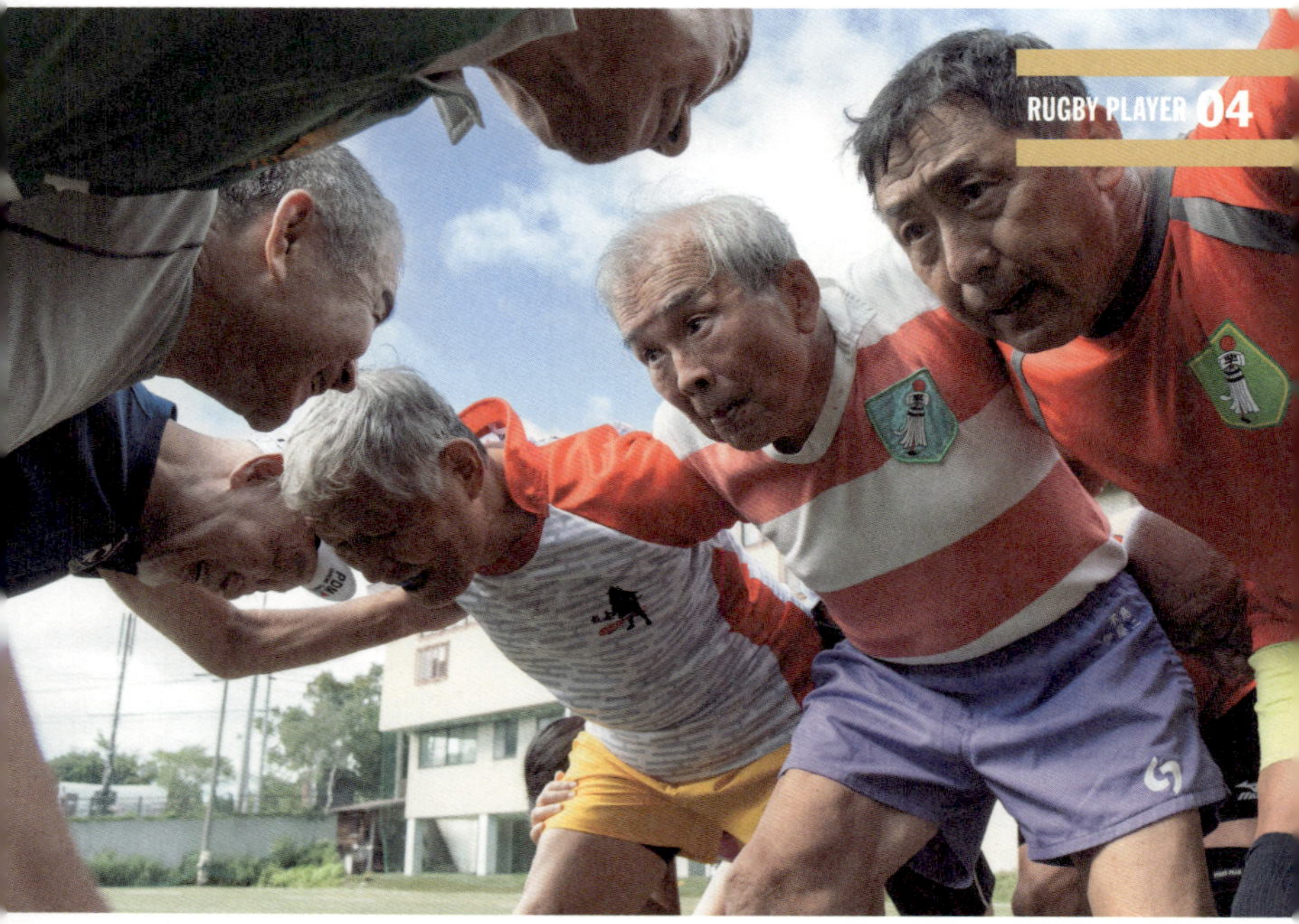

ポジションはフォワード最前列のフッカー。スクラムの要。

体が元気だから脳も働く！ ラグビーをしながら 英語や読書会も。 「文武両道」が健康の秘訣

伊藤《いとう》 二朗《じろう》 さん (84歳)

DATA

1940年（昭和15年）生まれ
家族：妻（80歳）とふたり暮らし。
　　子ども３人、孫4人
ラグビーを始めたのは：高校1年生
ポジション：プロップ、フッカー

点数が入り、仲間とハイタッチ。

ボールをとにかく奪いに行く。

永山さん（右端）とは長年のチームメイト。

大学ラグビー早慶戦の前座でプレーした高校時代

ラグビーを始めたのは高校1年生のときです。最初は軟式テニス部に入ったのですが、2カ月後にテニス部の友だちがラグビー部に転部するというので、ついて行きました。

高校3年間はラグビーにのめり込みました。最大の思い出は、秩父宮ラグビー場で行われる大学ラグビー早慶戦です。ぼくら早稲田大学高等学院ラグビー部は、前座として慶應義塾高等学校ラグビー部と毎年試合させてもらったのです。

その頃に対戦した慶應高校のチームにいた人と、最近の試合でばったり再会しました。名前でわかったのです。実に約60年ぶり。でも、向こうは覚えていないだろうと思って、その話は自分の胸だけにとどめておきました。

大学はそのまま早稲田大学に進学し、同好会で4年間ラグビーを続けました。

卒業後、就職したのは国鉄本社。40代の頃には、国鉄がJRに変わる時期に設立された鉄道総研（鉄道総合技術研究所）という公益財団法人に移りました。そこで55歳まで働き、定年後は別の会社で鉄道の電気に関する技術者として69歳まで仕事を続けました。

国鉄本社でもラグビー部に入りましたが、28歳で結婚を機にいったんやめました。その後、15年ほどのブランクを経て、43歳でラグビーを再開。不惑倶楽部に入ったのは50歳のとき。ぼくが所属する国鉄OBチームと不惑倶楽部の試合があり、そこに偶然、大学の同好会時代の先輩がいて、「おまえも不惑に来いよ！」と誘われたのです。以来34年間、ずっと不惑倶楽部の試合や練習に参加し続けています。休んだのは娘の結婚式や法事のときくらい。仕事が理由で休んだことはないですね（笑）。

不惑倶楽部は、それまでのラグビーチームとは全然違いました。ぼくはずっとフォワードのフロントロー（プロップ、フッカー）で、スクラムを組んで相手を押し負かすのが自分の役割だと思っていました。でも不惑では、それ以上のことが求められるのです。「ボールの近くに行くにはどうするか」「どうやってボールを奪うか」を自分の頭で考えて動くようになりました。フロントローは自由度が高いポジションだと気づき、「ラグビーってておもしろい」「まだまだ学べることがある」と改めて思いました。

60代以上になると、スクラムを組んでも押さないのが不惑のルール。だから体力の消耗が少ないんです。エネルギーが余るので、ますます自由に走れるようになりました。

ケガしない体を目指し、51歳でジョギングを始めた

ただ、不惑に入った最初の1年間はケガが多く、整形外科に通いっぱなしでした。「どうやったらケガをしない体になるのか」と考え、毎朝ジョギングをするようになりました。出張でも旅行でも遠征でも、休むことなく毎日走りました。そのおかげでケガが目に見えて減り、ケガしても治りが早くなったのです。

ジョギングはいまもずっと続けていますが、徐々にひざが痛むようになりました。かたいアスファルトが、年齢を重ねたひざに響くようです。数年前からは、自転車で20分ほどの公園まで行き、芝や土の上を走るようにしています。

走った距離と時間は毎日記録しています。ここ数年、速度も距離も落ちています。走る

速さは昔の半分以下ですし、以前は公園を5周していたのに、いまは2~3周。それでも自分に合ったペースで走り続けることが大切だと思っています。速く・たくさん走るのが目的ではなく、ラグビーを続けるためのジョギングなので。不惑の試合や練習があった翌日に1日休みを入れ、トレーニングは週6日です。

大きな病気はしていませんが、小さなケガはちょくちょくしています。タックルした相手のスパイクが胸にあたり、肺に穴が開いて2週間休んだり、スクワットで腰を痛めて1カ月休んだり……。一時期、肩の脱臼が習慣になった時期があり、永山先生に自分で戻す方法を教わりました。永山先生はご自分が試合中に脱臼すると、抜けた肩をパッと戻してしまうんです。つくづくタフだなぁと思います。

伊藤さんの誉れ

色褪せたユニフォーム
練習・試合にはほぼ皆勤。洗濯の繰り返しで、年数を経て色が落ちてきた。紫パンツに昇格して間もない小嶋さん（P.134）のユニフォームはまだ色鮮やか。

「不惑アウォード」トロフィー
小嶋記念 Chris Walker 杯（右）：2015年受賞。年間を通して活躍した赤パンツ（60代）以上の選手に授与される。カッコーのひな杯（左）：2002年受賞。「試合でがっついていて、最後のおいしいところをもらう人」や「ボールがもったいなくてなかなか人にパスをつながずに行ってしまう人」へ贈られる（笑）。

伊藤さんの**元気の源**

●英語

不惑倶楽部英語班で南房総合宿。この地に移住した北村一哉さんの家で、合宿兼稲刈り体験&ピザパーティー。

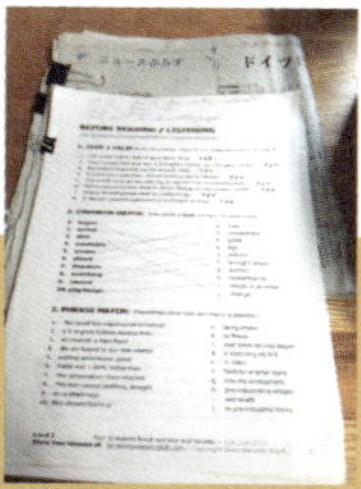

朝日新聞と日経新聞の二紙を購読。週1回掲載される英語の文章を熟読する。日本語の記事は読み流してしまうが、英文を調べながら読むと深く理解できる。

●論語

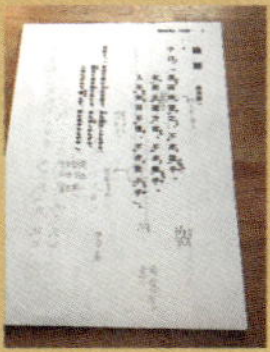

論語を学び始めたのは10年以上前。現在は渋沢栄一『論語と算盤』の読書会を続けている。

●囲碁

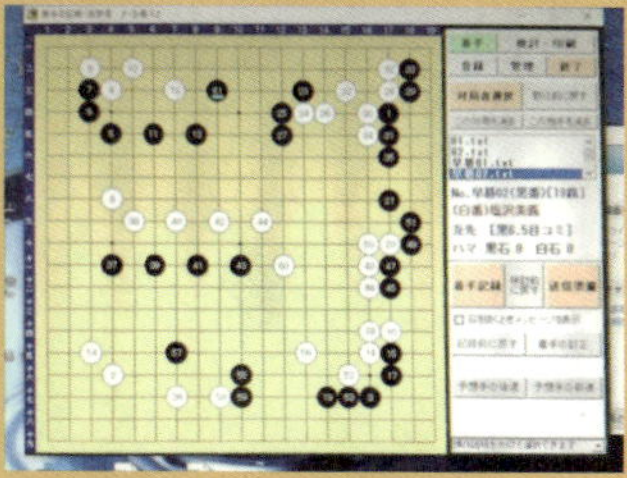

大学時代にやっていた囲碁を70歳で再開。碁会だけでなく、最近はオンラインの「める碁会」にも参加。メールで一手ずつ送り合って囲碁を楽しむ。

学び続ける脳力をラグビーが支えてくれる

「シニアこそ文武両道を！」と考え、ラグビーに加えて、学ぶこともずっと続けています。学びのメインは、英語と論語です。

英語は仕事をリタイアした69歳から習い始めました。大学の社会人講座に通い、その修了後も先生と生徒数人で喫茶店に月2回集まり、1時間半くらい英会話のレッスンをしてもらっています。ほかに「不惑倶楽部英語班」にも所属しています。不惑の仲間であるイギリス人のトニー・ハートレイさんを先生に、月1回オンラインで勉強会を開きます。メンバーは7名。半数は選手の奥様たちです。夏休みには英語班での合宿もしました。メンバーの一人が千葉県の南房総に移住したのですが、オンラインの勉強会の際、画面に映る彼の部屋の様子が気になり「見に行きたい！」という運びになったのです。英語の部活というより、稲刈りの手伝いとピザパーティーがメインになりましたが、楽しい合宿でした。

論語は、10年以上前にやはり大学の講座で学び始めました。渋沢栄一の著書『論語と算盤』の読書会にも参加しています。参加者には若い人や女性もいて、さまざまな意見が飛び交います。その中で、それぞれの人生について触れることもあり、年長の私が助言する機会もありました。「人生は仕事だけじゃない」というのはよく伝えています。なかには「伊藤さんをならって野球を始めました」という人もいて、うれしかったですね。

ほかに、電気学会の資格を持つ人たちが集まって行う講演会や各所見学会などのとりまとめのボランティアを15年ほどしています。これも新しい技術などの勉強になります。

ぼくが学び続けられるのは、やはりラグビーがあるからです。体が元気だから脳も働く。そろそろラグビーもしんどいな、と感じることもあります。でもラグビーを続けることで、別のこともがんばれる。そう思うと、ラグビーはぼくの元気の糧で、まだ手放せません。

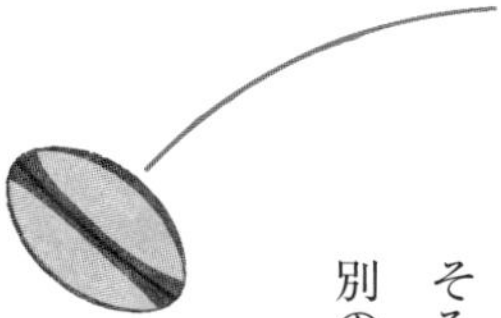

伊藤さんの一日

1:00	
2:00	
3:00	
4:00	起床
5:00	メールチェック、英語の勉強など
6:00	自転車で公園へ。ジョギング（30分）
7:00	入浴
8:00	朝食
9:00	ボランティア活動の資料作成など
10:00	
11:00	
12:00	昼食
13:00	読書 読書会準備
14:00	論語の学習
15:00	ラジオ体操
16:00	囲碁の本の研究
17:00	囲碁対戦（インターネット）
18:00	
19:00	夕食
20:00	
21:00	
22:00	就寝
23:00	
24:00	

試合の翌日は休み、家でラジオ体操

牛乳とフルーツは毎朝とる

ボランティア関連で外出することも

毎食後20分ほど仮眠をとることが多い

残っている身体能力を駆使して いまの自分にできることに挑戦。 3年後にゴールドパンツをはきたい

RUGBY PLAYER 05

桑原《くわはら》 達朗《たつろう》さん（86歳）

DATA
1938年（昭和13年）生まれ
家族：ひとり暮らし。子ども3人、孫4人
ラグビーを始めたのは：大学1年生
ポジション：プロップ、フッカー

木に向かってスクラムの練習。

2023年「ザ・ジェントルメンラグビークラブ」の兵庫県尼崎市での試合にて。

大学2年生のとき、ラグビー部の部室前で。

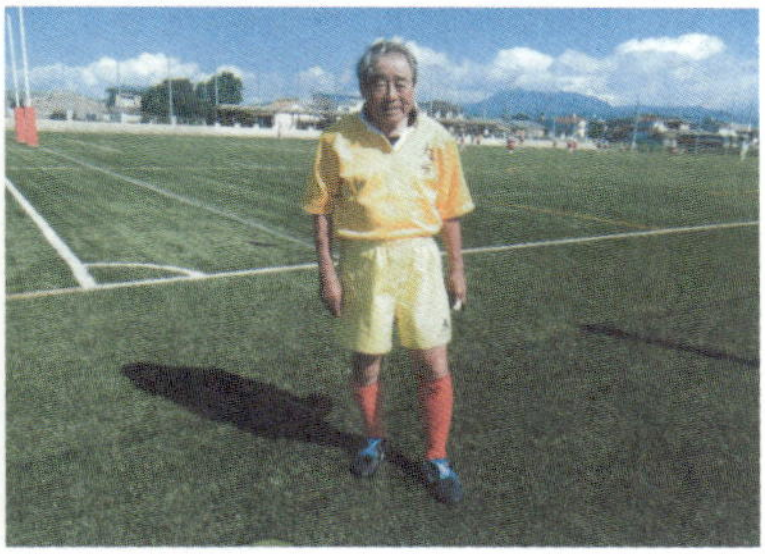

2016年78歳のとき、オール大阪のラグビーチームで「ねんりんぴっく」に参加。

東大、室蘭、MIT
ラグビーは人生の分岐点

　ラグビーは、大学時代にひょんなことから始めました。中学・高校時代は山登りに夢中で、とくに高校3年間はバリバリの山岳部員でした。進学した東京大学でも山岳部に入るつもりでしたが、高校時代の先輩に「東大山岳部は遭難が多いぞ」とおどかされ、先輩たちがいた「山の会」に入りました。ラグビー部に入ったのは、山登りのトレーニングになると思ったからです。ところが、始めてすぐにラグビーの魅力にとりつかれました。

　ラグビーのすばらしさは多様性です。背が高くても低くても、足が速くても遅くても、どこかにポジションがあります。一人ひとり違う能力を発揮して、チームワークで勝利をつかむ。それは山登りにはないおもしろさでした。

ぼくのポジションはフロントロー、スクラムの第1列です。山登りで足腰は鍛えていましたが、スクラムを組むとどうしても首が弱くて負けてしまうのです。早稲田、慶應、明治などの強豪ラグビー部に立ち向かうにはもっと強くならなくては！と、駒場のグラウンドに日参しながら大学4年間をラグビーに捧げました。大学2年生のときには、早稲田のウィングをタックルで倒したことがあります。あれは気持ちよかったですね。いまだに、わが生涯のベストプレーだと思っています。

と、ラグビーばかりしていて授業はよくサボり、追試の常連でした。専攻を決める3年生になるとき、「冶金《やきん》学科ならラグビーもできる」という先輩の言葉を聞き、「冶金」が何をするのかよく知らないまま選んだのでした。冶金の4年生のときは夏に生産現場での実習が必修で、行き先の工場を選ぶことになりました。そのときも、ぼくの選択の理由はまたラグビー。「夏合宿の前に走り込んでおこう」と夏でも涼しい富士製鐵（現・日本製鉄）室蘭製鉄所を選択。偶然にも、室蘭はラグビー部を創設しようとしているところで、実習担当の先輩がその創設に関わっていました。そんな縁で、ラグビーばかりで勉強していないぼくでしたが、ラグビー経験で富士製鐵に採用してもらうことができました。

室蘭での最初の3年はラグビー漬け。でも、3年経って、まともに仕事をしていない自分と同世代の社員との能力差に気づいて愕然としました。そこで会社の留学制度を利用して、東北大学で1年、マサチューセッツ工科大学（MIT）で2年間勉強させてもらいました。

東北大でもよく勉強しましたが、MITで求められる勉強量は猛烈で、毎日が必死。でも、ラグビーで鍛えた体力と集中力、持久力のおかげでなんとか好成績を収めることができました。MITにはラグビー部があり、2年目にはラグビーを楽しむ余裕も出ました。

マラソンやトライアスロンに熱中した50代

MIT留学から日本に戻ってきてからは、室蘭チームで選手・コーチ・監督を何年かやりました。ただ、各地に転勤する中で、次第にラグビーから足が遠のいていきました。

その代わりに始めたのがマラソンでした。40代の後半で体重が80キロを超え、健康診断の数値も思わしくない。食事の見直しとジョギングを始めました。最初はきつくて距離も短かったのに、だんだん長く走れるようになりました。フルマラソンには18回出場し、うち16回は完走。シカゴに駐在中は、シカゴマラソンにも出ました。トライアスロンにも8

回出場。50代はとにかく走っていました。

そんな頃、妻が50歳で亡くなりました。がんでした。３人の子どもは社会人、大学生、高校生。こんなに早く別れがくるとは思わず、家族全員大きなショックを受けました。当時ぼくはシカゴで働いていたので、末っ子の娘を現地の高校に入れていっしょに暮らすようになりました。娘はそこからボストンの大学に入り、米国で就職。同僚のイギリス人と結婚して、いまはロンドンに暮らしています。

娘と別で住むようになってからはずっとひとり暮らしです。もちろん料理も掃除も洗濯もします。自分の管理は自分しかできないと思ってやってきました。59歳で定年を迎え、その後は65歳まで大阪製鐵という会社にいました。その期間にラグビーを再開し、大阪にある「ザ・ジェントルメン　ラグビーク

桑原さんのトレーニングの例

ジョギング
1回15～30分程度ゆっくりめに。
ダッシュはきつくなってきた。

腕立て伏せ
体幹を意識しながら15回。

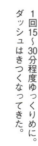

歩く、走る、登る…

● 登山

2021年83歳のとき滋賀県の三上山で（左）。2019年81歳のとき、スイスアルプスにて（下）。いずれも「山の会」の仲間と。

● トライアスロン

走る（ラン）以外に、スイム（水泳）、バイク（自転車）も。大分に赴任中、53歳で始めた。

● 四国遍路
65歳で歩き始め、2020年、82歳のときは単独で歩いた。

足上げ
20秒ほど足を上げたままキープ。

足振り上げ
片足10回ずつ高く振り上げる。

ラブ」と、旧帝大出身者の「学士ラガークラブ」というシニアラグビーチームに所属。大阪製鐵を退職してからは、東京の不惑倶楽部にも入会しました。兵庫県在住ですが東京に行くことも多いので、不惑の練習や試合にはそのときに参加しています。

不惑では海外チームとの大会が楽しみで、70代までは遠征に毎回参加しました。試合はもちろん、イベントや飲み会も楽しくて。シドニー大会のときは、永山先生とホテルが同室で、いっしょに飲んだりもしました。先生はお茶でしたけど(笑)。体調不良のとき、どの科のどんな医者にかかるといいかなど、相談にのってもらったこともありました。

できないことも増えるけれど、いまの自分にできることを

ラグビー以外では、「山の会」の仲間との登山も、年に5回程度続けています。熊野古道を歩いたり、四国遍路をしたり、歩く旅もしています。「ＫＯＢＥ六甲全山縦走大会」という、須磨浦公園から宝塚までの56キロを1日で歩くイベントにも毎年参加していたのですが、74歳と75歳のとき2年続けて歩ききれず、ちょっとショックでした。

そんなふうに、70代以降、できないことが出てきました。さびしさを感じたり、「もうダメだ」と落ち込むこともあります。それでも、まだまだできることはある。残っている

身体能力を駆使して、いまの自分にできることに挑戦していきたいと思います。

続けているのはパソコンと英語です。左手を使う作業は右脳を活性化させるそうで、パソコンで両手で文章を打つようにしています。また、ネットでＭＩＴのＯＢ会の記事や、英文ニュースなどを読むこともあり、日本語の記事とは違う視点を得られます。

そして、もちろんラグビーも続けていきたい。80代になりたての人の活躍ぶりを見ていると「若い！」と感じますし、刺激も受けます。まだまだあきらめるわけにはいきません。

90代でも永山先生みたいにラガーマンを続け、ゴールドパンツをはいてみたいです。

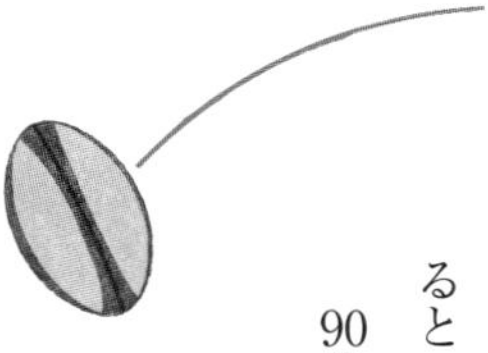

桑原さんの**一日**

1：00	
2：00	
3：00	
4：00	
5：00	
6：00	
7：00	
8：00	
9：00	起床　朝食
10：00	新聞を読む
11：00	
	パソコンワーク
12：00	
13：00	
	読書
14：00	
15：00	外出
16：00	
17：00	３日に一度はトレーニング
18：00	夕食
19：00	夕刊を読む
20：00	テレビ
21：00	
22：00	
23：00	就寝
24：00	

どちらかというと遅寝遅起き。8時間は寝る

野菜、タンパク質を欠かさない。1日2食が基本

司馬遼太郎や塩野七生をよく読む

自宅前のヨットハーバーに沿って30分ぐらい走る

おわりに

ワンフォーオール、オールフォーワン

ぼくのすばらしい仲間たちの姿も、ご覧いただけたでしょうか。

いっしょに練習し、試合を戦い、ともに年齢を重ねていく彼らがいるからこそ、ぼくはラグビーを続けていきたいのです。

もうすぐまた、仲間のもとに戻ってラグビーができる日が来ると思うと、胸が躍ります。


こんなぼくを見て、「永山さんが目標です」と言ってくれる後輩ラガーマンもいます。

ただ好きなことを続けてきただけなので、目標と言われることは照れくさいのですが、ぼくの存在が少しでも励みになるなら何よりです。


92歳、ラガーマン。

家族、仲間に支えられ、ここまで来ました。

これを読んでくださった方にも支えられています。

ありがとうございます。

ぼくもこの先まだ、だれかを支える一助になり得るのだろうか。

One for all, All for one.

ラグビーは最高だ。ラガーマンはすばらしい。
ぼくはこれからも、生涯、ラガーマンを続けていきます。

２０２４年12月　永山隆一

永山隆一（ながやまりゅういち）

1932年（昭和7年）大阪府生まれ。ラガーマン。医師。40歳以上のラグビークラブ「不惑倶楽部」の最高齢メンバー。元・東芝府中ラグビー部チームドクター。小学生時代、鹿児島県への戦時疎開のため断念したラグビー。大学ではそのあこがれが叶い、ラグビー部を創設。以来70年以上、ラグビーとともに人生を歩んできた。1951年東邦大学医学部入学。1957年同大学卒業後、関東逓信病院（現・NTT東日本関東病院）、東芝中央病院（現・東京品川病院）などに外科医として勤務。そのかたわら、1984年に永山クリニックを開業。現在は名誉院長。1993～2002年、東芝府中工場（事業所）健康管理センター長も務めた。

不惑倶楽部（ふわくくらぶ）

世界初の40歳以上のラグビークラブ。1948年（昭和23年）創設。その後、関西「惑惑ラグビークラブ」、九州「迷惑ラグビー倶楽部」など、「惑」クラブが国内各所に発足。「不惑ラグビー」の潮流は世界にも伝わり、「ゴールデンオールディーズ・ワールドラグビーフェスティバル」として、1979年からシニアラガーマンの国際大会が定期的に開催されるようになった。年代別のパンツの色分けなど不惑倶楽部のルールのいくつかは、現在、世界のシニアラグビーの共通ルールに。生涯スポーツとしてのラグビーを牽引し、病院での介護ボランティアなど社会貢献活動も続ける。2000年に特定非営利活動法人化。定期的な練習に加え、地方・海外遠征なども含め年間多数の試合を開催。メンバーには80代から加入した人や女性もいるなど多彩。

https://fuwaku.com/

92歳のラガーマン ノーサイドの日まで

2025年1月31日　第1刷発行

著　者　永山隆一（ながやまりゅういち）
発行者　大宮敏靖
発行所　株式会社主婦の友社
　　　　〒141-0021　東京都品川区上大崎3-1-1
　　　　目黒セントラルスクエア
　　　　電話　03-5280-7537
　　　　　　　（内容・不良品等のお問い合わせ）
　　　　　　　049-259-1236（販売）
印刷所　中央精版印刷株式会社

©Masataka Nagayama 2024　Printed in Japan
ISBN978-4-07-460138-7

Ⓡ〈日本複製権センター委託出版物〉
本書を無断で複写複製（電子化を含む）することは、著作権法上の例外を除き、禁じられています。本書をコピーされる場合は、事前に公益社団法人日本複製権センター（JRRC）の許諾を受けてください。また本書を代行業者等の第三者に依頼してスキャンやデジタル化することは、たとえ個人や家庭内での利用であっても一切認められておりません。
JRRC〈https://jrrc.or.jpe メール :jrrc_info＠jrrc.or.jp 電話 :03-6809-1281〉
■本のご注文は、お近くの書店または主婦の友社コールセンター（電話 0120-916-892）まで。
＊お問い合わせ受付時間
月～金（祝日を除く）　10:00 ～ 16:00
＊個人のお客さまからのよくある質問のご案内
https://shufunotomo.co.jp/faq/

撮影・写真協力
近藤　誠
柴田和宣、佐山裕子（主婦の友社）
木下美晴　高野元子
長尾亜紀
中村光彦
狩野　修
東邦大学ラグビー部・東邦大学医学部東邦会
Jaguar Land Rover　Scott Carthy
Mark Grace、Maggie Blundell（Accenture Song）
大浦たかね
Kim Kyung-Hoon（ロイター／アフロ）
佐藤徳昭（産経新聞社）
桑原達朗、伊藤二朗、大串康夫、上林 實・夏樹、小嶋 泰・崇（不惑倶楽部）

制作協力
永山芳子・正隆・清花・真治
岡嶋光明、伊藤二朗、竹内直人、丸山克彦、田中正己、菅野 豊、濱田 透、伊藤忠幸、青井博也（不惑倶楽部）
不惑倶楽部のみなさん

ブックデザイン・イラスト　横田洋子（yokoyoko design）
校正　北原千鶴子
DTP　蛭田典子（主婦の友社）
編集　神 素子
編集担当　松本可絵（主婦の友社）